R 4981

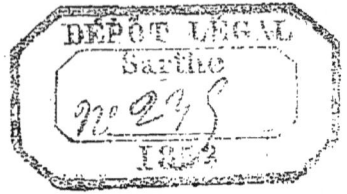

DE L'AFFAIBLISSEMENT

DE LA RAISON.

DE L'AFFAIBLISSEMENT

DE LA RAISON

ET DE LA

DÉCADENCE EN EUROPE

PAR

B. SAINT-BONNET

DEUXIÈME ÉDITION

CONSIDÉRABLEMENT AUGMENTÉE

~~~~~~

PARIS

L. HERVÉ, ÉDITEUR, RUE DE L'ÉPERON, 9

JULIEN, LANIER ET Cᵒ, LIBRAIRES

RUE DE BUCI, 4, F. S.—G.

1854

On croit éteinte la Révolution. C'est croire éteinte l'antique envie, que la Foi comprimait dans les âmes, que son départ y a ressuscitée : envie amoncelée en ce moment comme la mer, par le vent qui souffle depuis un siècle sur elle. L'ordre est là comme la faible planche qui sépare des flots. Qu'il disparaisse un instant, ils entreront sur les terres pour les engloutir à jamais. Une lueur fatale enveloppe les esprits ; ils ne voient plus la doctrine qui légitime le bien dans les races qui le constituent, et qui enseigne aux autres la vertu de leur réhabilitation ; la paternité des premières, le respect des secondes, sont remplacés par l'égoïsme et la haine : la Société réelle est impossible. Les principes sont tombés des intelligences ; la vérité a perdu, en quelque sorte, la souche où elle se fixe en nous ; l'esprit est maintenant déformé par l'er-

reur, il est devenu inutile à lui-même.
Pour rétablir la Société, il faut rétablir
la conscience de l'homme. L'ordre ne
prendra sa source que dans l'éducation.

Il ne faut plus tergiverser, la Révolution n'est que l'application du xviiie siècle
faite à l'homme et à la Société. Tout est
mûr : panthéisme dans les sommets de
la pensée, socialisme sur les confins de
la pratique! Avant que d'attaquer tant
de systèmes, avant même que de com-
battre les principes d'où ils sortent, il
faut couper le mal dans la faculté qui
le produit. C'est poursuivre vainement
l'erreur, si l'erreur coule encore de notre
esprit comme d'une source vivante; c'est
ramener vainement la vérité, si on laisse
toujours étouffée en l'homme la faculté
qui la conçoit. Les pensées ne marchent
point seules; et, pas plus que l'herbe
des champs, l'erreur ne vit séparée de sa
racine. C'est là qu'il faut l'aller chercher.
Une chose est bien certaine, le siècle va
l'avouer, c'est qu'en tout on abandonne
la lumière divine pour les idées pure-

ment humaines; que toutes les sciences ont quitté les données supérieures pour les données temporelles; ainsi se sont écroulées dans les esprits la foi, la morale et la politique. Une chose est donc certaine, c'est que chez l'homme les facultés divines, impersonnelles, ont été sacrifiées aux facultés personnelles, ou du moi ; qu'en un mot la raison a été étouffée par l'intelligence, la lumière rationnelle par le sens privé. Toutes les erreurs du siècle dernier, comme toutes les folies et les puérilités du nôtre, viennent de ce dépérissement de la raison. Ce sont partout les grands principes qui nous manquent. De pareilles théories n'eussent jamais séduit Pascal et Bossuet, Descartes et Leibnitz, ni entraîné l'opinion de leur époque. Si la pensée lui-même n'avait pas plié, tous nos esprits ne fussent pas venus jusqu'à terre.

Le xviiie siècle, disons-nous, provient de l'affaiblissement de la raison. D'où provient donc cet affaiblissement? Que l'on va aisément le comprendre! L'abus prolongé des sciences physiques, qui

n'exercent que les facultés secondaires
de l'esprit ; dans l'enseignement, l'oubli
absolu des saints Pères, dont les travaux
ont créé la pensée et la conscience modernes ; enfin, pour l'enfance, cette étude
exclusive des auteurs païens, qui éteint
immédiatement la raison en réveillant
les âmes au sein du naturalisme, disent
sous quelle triste pression fut mis l'esprit
humain.

Cette décadence de la raison moderne
est la cause de la décadence de l'Europe.
Si l'homme n'était pas perdu, la civilisation se sauverait... C'est l'âme qui est
blessée. Avant de sonder toute la plaie,
je demande qu'on étudie ici deux choses : l'Effet du paganisme sur l'âme, et
l'Effet des sciences sur l'esprit.

Ces deux questions, mêlées ici dans
un rapide coup d'œil, suffiront pour
appeler l'intelligence du lecteur sur les
points de ce triste sujet où ma pensée
n'est pas allée, mais avant tout sur le
remède qu'il importe d'employer très-
promptement.

DE L'AFFAIBLISSEMENT

DE LA RAISON

ET DE LA DÉCADENCE

EN EUROPE.

I.

PREMIÈRE PARTIE.

Ce siècle est peu sévère avec lui-même. Il parle constamment des progrès de la raison. Ce développement rationnel en dehors de l'autorité et du sens commun universel se trouve-t-il dans le bon équilibre de l'esprit humain ? Et je vais loin quand je dis rationnel ; les sciences physiques et mathématiques ont éveillé chez l'homme une vive aptitude sur le point seul de l'intelligence, mais laissé bien en arrière l'état de la raison, et par suite celui de l'expérience. Aujourd'hui, on voit les hommes de beaucoup d'esprit, d'une intelligence extraordinairement cultivée, s'appuyer au fond sur de fort minces bases. C'est le contraste étrange offert par notre époque. Leurs idées en morale, leurs conceptions sur la grande donnée, sur les choses de l'infini, sont d'une puérilité digne, non pas du vulgaire, mais de nos pauvres sauvages. On s'étonne toujours que des hommes qui marchent dans une pratique encore pourvue de sens commun, mettent à la place de leur raison une aussi chétive conception des premiers problèmes, de ces problèmes qui jusque-là formaient comme le fond de l'âme humaine.

C'est positivement la raison qui nous semble restée en arrière dans ce mouvement, non pas rationnel, mais personnel de l'esprit humain. Les mathématiciens, les physiciens, les chimistes, les historiens, les littérateurs, tous les intelligents de l'époque nous apportent dans les sciences morales et sociales des idées qui, si Dieu n'était intervenu, eussent amené une nation entière à l'état de folie. Encore quelques instants et, après avoir ri de tout, nous tombions, sous la risée universelle, dans la barbarie et la dispersion. Deux fois la main de Dieu retint cette société au moment d'être précipitée par le xviii° siècle, une première fois dans l'abîme politique, et la seconde dans l'abîme économique, ouverts par la même erreur. Depuis, nous appelons ces événements nos progrès : progrès politiques, affranchissement de la raison !

Notre langue respectable a longtemps recouvert de son manteau ce dépérissement de la raison, et l'aberration qui envahit l'esprit humain. Sans nommer la science, tous les efforts de la littérature ont été employés à faire dire d'une manière honorable par le langage des idées remplies de démence et d'abjection. Si l'on ne s'arrête dans le chemin de la phrase ; si, par une éducation nouvelle, on ne rend aux esprits leur direction en replaçant la raison dans la tradition universelle, les efforts ultérieurs de la politique seront vains. Il deviendra impossible d'arrêter l'effet général de cette masse de lettrés, sans philosophie ni lettres, qui, placés aux sources de l'erreur, la versent dans les veines du peuple français et le pressent vers sa chute. La fausse éducation des écoles répand une lave qui stérilisera insensiblement l'aristocratie, les magistratures, l'armée, le pouvoir, et peu à peu les sources du Clergé. La folie, entrant dans l'esprit humain par un affaiblissement de la raison sur les croyances primordiales, marche comme la peste au sein d'une population. L'orgueil lui donne un goût qui la met sur les lèvres d'une foule ravie ; les âmes tourbillonnent enivrées dans les cercles de l'erreur, et l'on voit tout un peuple descendre, comme le Bas-Empire, sous la vase des plus honteuses croyances.

Je crois que c'est un remède bien à temps et bien judicieusement proposé, que celui de joindre les Pères de l'Église aux auteurs païens dans l'étude de la langue latine, au sein de nos Universités. Il faut le faire avec discernement, et sans l'exagération qu'on apporte souvent dans les débuts. Ce qu'on doit à l'antiquité, ou du moins aux langues primitives, car il faut bien distinguer, c'est la grâce et le don de la simplicité ; mais on ne lui doit pas la raison. Il faut moins étudier les anciens que leur langue, car leur langue est plus forte qu'eux. Elle porte un sens traditionnel et ontologique si supérieur à leur philosophie propre, qu'on ne peut s'expliquer comment on a pu faire entrer tant de billevesées dans cette coupe d'or. Leur philosophie n'est qu'une école d'enfantillage nuisible à la faculté éminente de l'âme.

Lorsqu'au sortir de la Renaissance la forme littéraire donnée par les auteurs païens vint s'allier avec l'esprit du Christianisme, elle produisit le grand siècle littéraire de la France. Puis, lorsque cet enseignement littéraire, pour suivre son mouvement propre et se vouer au culte unique de sa forme, se sépara de l'esprit des Pères de l'Église, rappelez-vous ce qu'il devint, et à quelle espèce de littérature, il y a cinquante ans, il vint aboutir ! Tout était mort, la Foi, la Pensée et l'Art. La nuit fut telle qu'on fit descendre l'inspiration de la mythologie. Des milliers d'écrivains, de savants, d'hommes de toutes les conditions, un siècle entier hors de la métaphysique, hors de la raison, dans le néant de la pensée... Il ne faut pas s'étonner de ce qui lui arrive aujourd'hui ! La double réaction que suscitèrent, alors, le spiritualisme allemand et le génie de M. de Châteaubriand, saisie au milieu de la fausse éducation des esprits, vint aussi mourir des deux parts dans le paganisme[1]; elle ne put être nourrie et soutenue à temps par l'esprit des Pères, par le génie du christianisme. Il faut qu'on sache, enfin, pourquoi cette forme littéraire ne peut subsister loin de l'esprit qui au xvie siècle l'a rappelée et ranimée; qu'on sache que la littérature, la pensée, l'art ne sont frappés de stérilité que lorsque cette stérilité a frappé l'âme elle-même; et comment, privée de son aromate, cette littérature antique est venue éteindre l'inspiration, tarir la foi à sa source et frapper l'esprit humain d'une déviation qui lui rend l'erreur en quelque sorte naturelle.

Qu'on est loin de savoir l'infirmité laissée dans l'homme par l'usage qu'on a fait des auteurs païens! On a examiné le mal externe; beaucoup ont passé à côté de la question, le vrai danger n'a point été aperçu. On avoue bien que l'imagination des hommes, éprise des souvenirs de la Grèce et de Rome, ne leur laissa pas de trève qu'ils

[1] L'une dans le rationalisme, et l'autre dans le romantisme.

n'eussent bâti des républiques à leur tour. Ceci est pour le divertissement politique. Allons plus avant.

L'enfant qui, pendant les huit années où son esprit se forme, voit les personnages les plus graves, dans les circonstances critiques et sérieuses de la vie, jurer par Jupiter, par Hercule, par Junon, s'aperçoit, sans se le dire, que toute l'antiquité, tant de grands hommes, cette immense civilisation, ne jurait et ne s'appuyait sur rien. Sa raison en reçoit un choc affreux. Il conçoit, sans s'en rendre compte, que toutes ces interjections, c'est-à-dire ces actes de l'âme dans l'infini, sont des traits dans le vide. L'enfant grandit et s'accoutume à l'idée qu'au delà de l'âme, il peut n'y avoir rien, il n'y a même besoin de rien : deux mille ans fondés sur des abstractions réalisées ! Et, lorsque les mystères, remplissant l'abîme des Cieux, viennent placer un fond à la perspective sacrée de notre âme, son esprit, habitué à sentir le vide au-dessous de lui, craint un effort nouveau et rentre dans cette torpeur des facultés rationnelles qui mène au scepticisme. — Hors de la pensée humaine, où aborder ?

Y a-t-il une réalité objective ? L'âme n'est-elle
pas toujours la seule lumière qu'on voie briller au
sein de l'espace infini [1] ? — Le scepticisme n'est
qu'un découragement et une maladie cachée de la
raison. Ne croyez pas qu'il n'y ait dans l'âme que
les idées auxquelles elle ait pensé, pour l'enfance
surtout ! L'esprit le moins métaphysique porte
toujours, fausse ou vraie, une métaphysique
absolue au fond de lui-même, et qui le domine
d'autant plus qu'il ne discute point avec elle. Chez
les enfants, comme chez les femmes, les axiomes
ne bougent plus, parce qu'ils se fixent en eux par
impression et non par raisonnement. Les masses
n'obéissent jamais qu'aux faits déposés au fond de
leur conscience. C'est la métaphysique de celui qui
n'en fait point qui est inébranlable ; c'est celle du
métaphysicien qui dépend de ses raisonnements.
On serait effrayé si l'on apercevait à quel âge se
fixe chez l'enfant un principe d'où vont dépendre
ses impressions ou ses raisonnements futurs !

Par malheur, l'instant choisi pour garantir la
jeunesse de l'erreur est celui où elle y tombe

---

[1] Ici la conception antique dépose l'assise du scepticisme
universel.

définitivement. Comme on fait constamment briller à ses yeux les actes, les vertus, les mœurs, les arts, la civilisation des anciens, et que, pour la détromper, on l'avertit de la fausseté de leur religion, elle voit que d'une religion de niaiseries a pu sortir la civilisation la plus remarquable. Si une religion fausse a pu produire une pratique aussi belle, un ensemble qui après deux mille ans fait l'admiration des hommes, qu'est-ce donc au fond qu'une religion? Fausse ou très-vraie, ce n'est point d'elle que la Société dérive. Tout bien, toute législation, ressort en définitive de l'homme; le reste habite les nuages... Mais le doute ne prétend pas soutenir un autre système que celui qui vient de tomber au fond de l'âme de l'enfant! Qui peut aller deviner que c'est une étincelle de l'ancienne tradition, réveillant la conscience humaine, qui a fondé le peuple romain; et que ce sont ses propres idolâtries, recouvrant le premier fond, qui l'ont laissé retomber? Scepticisme sur la réalité objective et sur le fait de l'infini, scepticisme sur les religions qui prétendent le représenter et sur la signification de l'histoire entière, l'esprit sort de là dans un tourbillon qui l'emporte, aveuglé, loin de toute appréciation judicieuse. N'est-ce point l'état intellectuel de la jeunesse au sortir du collége, avant qu'elle soit entrée dans la vie, et y ait confirmé ces dispositions[1]?

Le point de vue antique a séduit deux mille ans le monde, il peut bien séduire des enfants. Arrivant au moment où notre imagination commence à s'ouvrir, il est le premier qui fasse horizon dans la pensée. Il y établit une sorte de naturalisme paisible, qui cadre avec l'imagination, avec notre apathie native. Le Christianisme semble alors quelque chose d'accidentel et d'ultérieur. La religion, et ce peuple juif oublié dans un coin, apparaissent à leur tour comme un système abandonné. Telles, du fond de nos souvenirs, nous reviennent encore ces impressions primitives. Et, ne voit-on pas une multitude d'hommes faits placer l'antiquité et les souvenirs classiques infiniment au-dessus du christianisme? Ces hommes sont pris sur le nombre de ceux qui

---

[1] « Combien étions-nous de jeunes chrétiens, même dans les colléges les mieux famés? à peine un sur vingt. » M. le comte de Montalembert, *Des intérêts cathol. au XIXe siècle*, pag. 67, 1853.

traversèrent avec le plus de goût leurs études; tant l'imagination naissante, tant les premières données de l'esprit se réservent d'empire ! Ce ne sont point, certes, les divinités anciennes qui flattent et que retient l'esprit, mais c'est l'ordre naturel que leur disparition laisse après elles : dans ce vide, l'homme reste le maître... La conception antique, sans dispute, sans bruit, va se fondre dans le scepticisme, comme le principe dans son complément.

Le scepticisme, je le répète, n'est qu'un découragement et une faiblesse de la raison; faiblesse contractée du moment où elle fut réveillée au sein du vide olympien, et augmentée, aussitôt après, par l'abus de toutes les autres facultés de l'esprit la détournant constamment de sa direction primordiale, pour la ployer vers les faits relatifs et finis. De là, aujourd'hui, tant de monstruosités dans les esprits. C'est le résultat de cette étude exclusive de l'antiquité, suivie de celle des sciences physiques pendant l'âge de notre formation. On juge des traces extérieures, et l'on se doute peu des résultats occultes produits en nous. Tout est fait pour détruire la raison au profit de l'intelligence. Pourquoi la religion, en arrivant, trouve-t-elle un sol où le pied lui enfonce? On devrait s'étonner, depuis plus d'un siècle, de son inefficace empire sur l'éducation. Les bons enseignements chasseraient les mauvais s'il n'y avait rien de déformé dans l'esprit. On parle des fléaux qui ont ravagé l'espèce humaine; en fut-il de plus grands que ceux qui ont attaqué sa raison? je veux dire l'idolâtrie, dans l'antiquité, et le panthéisme, qui menace de l'anéantir dans les temps modernes [1].

La fonction psychologique de la raison est de placer continuellement la notion de l'Être, la notion de loi, du nécessaire, de l'unité, du juste, du bien en soi, en un mot du Divin, sous les perceptions innombrables et mobiles du phénomène, du variable, du contingent, du relatif, du fini, que lui transmet sans cesse l'intelligence recueillant le produit des sens, et d'empêcher que nous ne restions de simples animaux. La fonction de la raison, en un mot, est de rappeler constamment l'homme, des perceptions contingentes et person-

[1] L'Idolâtrie voyait Dieu dans la nature; le panthéisme le voit dans l'homme...

nelles , aux conceptions impersonnelles et immuables ; de la nature physique , où le retient son
corps , à la nature éternelle , d'où lui descend la
vérité. Toutes les nations ont défini l'homme un
être raisonnable. Si cette faculté venait à s'éclipser,
dans vingt-quatre heures l'Europe ressemblerait
à l'Afrique.

A première vue , on s'aperçoit que ce sont ces
notions qui manquent maintenant à l'homme , en
morale comme en politique ; dans ses sciences ,
comme dans tout ce qu'il fait.

La distinction de la raison et de l'intelligence est
de la plus haute importance , aujourd'hui que par
industrie on s'est attaché à négliger la première
pour donner tout à la seconde ; aujourd'hui que
les connaissances humaines ont été subdivisées au
point d'être mises en opposition jusque dans notre
âme. D'ailleurs , rien de plus différent que les
résultats de ces deux facultés ; bien qu'elles s'unis-
sent en l'homme ; elles se dirigent vers deux
mondes opposés. L'intelligence s'ouvre sur le
monde extérieur ; elle en recueille les faits et leurs
rapports. La raison perçoit l'âme et Dieu ; elle sait
qu'elle est immortelle et que l'Être est infini. La

raison nous révèle ce que, privées de sa lumière, toutes les intelligences réunies n'auraient jamais su, qu'au delà du phénomène est la substance, au delà des faits leur loi, au delà du temps l'éternité, et au delà de la mort l'immortalité. Elle agrandit tout à coup l'homme de ce qu'elle lui révèle, le surnaturalise, le reporte dans l'infini. Pour ses opérations, l'intelligence a constamment besoin d'avoir pour support la raison. Sans la raison, elle rentre dans le monde révélé par les sens; avec la raison, elle éclaire ce monde lui-même de la lumière qui l'explique. Sans la raison, comme sans la liberté, l'intelligence se trouverait réduite chez l'homme à celle des animaux. Elle ne s'élève au-dessus de leur instinct précisément que par les notions qu'elle emprunte à la raison, à laquelle elle doit son étendue et sa justesse. Sans parler d'un ordre plus élevé, l'ordre de la conscience, qui découle uniquement d'elle, c'est à la raison que l'homme doit toute son intelligence.

Au reste, pour asseoir le fond de la question, entrons dans le sein même de la raison. En considérant son origine, en énumérant les éléments précieux dont elle se compose, on la distinguera plus aisément des diverses facultés dont l'intelligence est pourvue pour en exploiter la lumière. Ah ! ce n'est pas une des moindres preuves de l'objet de ce Mémoire que la nécessité où l'on se trouve de ramener sous les yeux la théorie de cette grande faculté !

Les peuples se sont accordés à appeler l'homme un être raisonnable. Pour le distinguer et le placer en tête de la création, Aristote, qui créa l'histoire naturelle, l'a nommé un *animal doué de raison*. De tout temps on s'est aperçu qu'il y avait dans l'homme autre chose que l'homme ; qu'en lui la Vérité prenait un sanctuaire, et la Conscience un siége pour dicter des arrêts certains. Les grands philosophes, dans le cours des siècles, se sont particulièrement préoccupés de la raison. Platon en appelle les éléments *idées par excellence*, de εἶδος, c'est-à-dire images en nous de la vérité pure ; Aristote, *catégories de l'entendement ;* saint Augustin, *sagesse du verbe, ordre* dans

l'univers ; saint Thomas, *intuitions intelligibles ;*
Descartes et son temps ; *idées innées ;* Leibnitz,
idées nécessaires ; Bossuet, *principes premiers,*
vérités éternelles ; Reid, *lois de croyance ;* Kant,
concepts de la raison pure ; les sciences, *axiomes ;*
le peuple, *principes du sens commun ;* et la psychologie, *conceptions impersonnelles.* Cette faculté
fut l'objet des études et de l'admration des plus
grands génies.

L'homme est placé entre deux mondes, la
nature et Dieu. La sensation est en lui le représentant et la voix de la nature, la raison est,
dans sa conscience, le représentant et la voix de
Dieu. Par les perceptions des sens, nous connais-
sons les phénomènes qui nous environnent ; par
les conceptions de la raison nous concevons les
substances, ce en quoi résident les phénomènes.
La raison est la faculté de concevoir, c'est-à-dire
de connaître au delà de l'expérience, de donner
un sens au verbe *être,* comme l'a dit Rousseau.
Sans les sens, la matière n'existerait point pour
nous ; de même, Dieu n'existerait point pour
nous sans la raison, appelée peut-être ainsi du
verbe hébreu *rao,* qui signifie voir. Elle est ce

qui voit par excellence, ce qui voit l'être. Voir malgré le voile des objets extérieurs, voir au delà des sens et de l'horizon des phénomènes, c'est le propre de la raison. « La raison, dit un philosophe, est un reflet pur encore, quoique affaibli, de cette lumière qui découle du sein même de la substance éternelle. Elle descend de Dieu, elle apparaît à la conscience comme un hôte qui lui apporte des nouvelles d'un monde dont elle lui donne à la fois et l'idée et le besoin. » Cet élément de notre âme, que l'observation psychologique peut décrire si fidèlement, se déduit également *à priori*, par une conception de cette même raison immortelle.

Car l'existence de l'homme, comme être créé, c'est-à-dire comme être séparé de l'Infini, implique deux éléments : le premier, impersonnel, et qui le fait *être*; le second, personnel, et qui le fait *être créé*. Pour que l'homme, selon les plans de Dieu, pût mériter en se portant de lui-même vers sa loi, il fallait qu'elle lui fût connue, que Dieu se départît en sa faveur d'un rayon de cette Sagesse qui est l'ordre dans l'univers, et dans l'âme la raison; car la loi est proposée à l'homme et imposée à la nature. La raison est donc une participation humaine, finie, à la sagesse divine. C'est la même lumière intelligible qui, dans l'Infini, est la Sagesse souveraine, puis, à l'état créé, l'harmonie en la nature et la raison en l'homme. *Animam humanam, mentem* RATIONALEM, *non vegetari, non beatificari, non illuminari, nisi ab ipsa* SUBSTANTIA DEI, dit saint Augustin [1].

S'il est vrai que c'est la même lumière intelligible qui, en Dieu, est la Sagesse éternelle, et, dans l'âme, la raison humaine, l'homme qui fait taire son esprit et ses sens pour écouter la raison pure, connaît une partie de ce que Dieu connaît, veut une partie de ce que Dieu veut. C'est ce qui a lieu effectivement lorsque l'homme adhère à la vérité par l'acte de la croyance, ou réalise la justice par une bonne action. C'est ce qui s'opère, en un mot, par le moyen de la *Conscience*, de l'*Entendement* et du *Goût*, faculté du bien, faculté vrai, faculté du beau. La Conscience, l'Entendement et le Goût ne sont que les trois fonctions

---

[1] *XXIII° Traité* sur S. Jean. — *Du Libre arbitre*, chap. VI, Que dans l'homme la raison tient le premier rang, etc.

d'une même faculté, qui est la raison. Car ses trois éléments irréductibles sont le bien, le beau et le vrai; comme le bien, le beau et le vrai absolus sont les trois aspects sous lesquels se manifeste l'Être, c'est-à-dire Dieu. Cette parenté entre la raison humaine et la sagesse divine, cette filiation directe, dans laquelle la pensée de l'homme et la pensée de Dieu se rencontrent, nous explique pourquoi le bien, ici-bas, est réellement le bien, le vrai réellement le vrai, le beau réellement le beau comme dans l'Absolu. Notre raison a appartenu à Dieu, elle a fait partie de sa Sagesse éternelle avant de descendre en nous par la création, et l'âme n'est point trompée. Quelque humble que soit l'homme, il peut dire : « J'ai quelque chose qui m'est commun avec Dieu; je possède un élément, des facultés que ce divin Être doit posséder ; car cette ressemblance à introduire dans mon cœur est le but de mon existence, et quand je fais le bien, je sais que je participe à sa volonté même, en exécutant sa propre loi ! »

C'est par la raison que l'homme est un être moral. Hors de cette faculté, il tombe dans le pyrrhonisme, c'est-à-dire dans le scepticisme absolu. Ces grands attributs n'ont échappé à aucun des philosophes déjà cités. Mais ils se sont exprimés d'une manière de plus en plus explicite, à mesure que le christianisme a étendu dans l'âme cette immense faculté. On peut dire que la science augmenta en même temps que son objet. Bossuet, dans ses Élévations, répète plusieurs fois que Dieu forma de boue le corps de l'homme, mais non son âme; qu'au contraire, *il inspira un souffle sur sa face.* « Dieu, dit-il, fait sortir chaque chose de ses principes, de la terre les herbes et les animaux; mais l'âme humaine est tirée d'un autre principe, qui est Dieu. Ainsi, l'homme a deux principes : selon le corps, il vient de la terre; selon l'âme, il vient de Dieu [1]. » Fénelon décrit la raison avec le même caractère : « C'est, dit-il, une lumière qui est en moi, et *qui n'est pas moi-même;* qui me corrige, qui m'entraîne par son évidence, qui me frappe par sa lumière; c'est une règle qui est au dedans de moi, de laquelle je ne puis juger, par laquelle, au contraire, il

---

[1] Bossuet, *XIe Élévation sur les mystères*; singularités de la création de l'homme.

faut que je juge de tout si je veux juger. Aussi, le premier caractère de la vérité est d'être générale [1]. » Cette faculté lui arrachait ce soupçon sublime : « O raison, raison ! n'es-tu pas Celui que je cherche? » — « La raison, dit le P. Malebranche avec sa netteté d'idées, est le Verbe ou la sagesse de Dieu même. Toute créature est particulière; la raison qui éclaire l'esprit est universelle. Par elle, je puis avoir quelque société avec Dieu et avec toutes les intelligences, puisqu'elles ont un lien commun, une même loi, qui est la raison. Tout homme peut voir la vérité que je contemple; la vérité est un bien commun à tous les esprits. Cette société spirituelle consiste dans une même participation de la Substance intelligible, de laquelle elles peuvent toutes se nourrir. En contemplant cette divine Substance, je puis voir une partie de ce que Dieu pense, découvrir quelque chose de ce que Dieu veut; car Dieu voit toutes les vérités, et j'en vois quelques-unes, et il veut selon l'ordre qui m'est ici connu. Supposez donc qu'il agisse, je puis savoir quelque chose de

---

[1] Fénelon, *De l'existence de Dieu.*

la manière dont il agit ; car, ce qui le règle, c'est
la Sagesse éternelle, c'est la raison qui me rend
raisonnable. Si donc l'homme le devient, certainement on ne peut lui contester qu'il sache le
bien et le vrai ; car, en contemplant la lumière
intelligible, qui rend raisonnable tout ce qu'il y a
d'intelligences, je puis voir les rapports des per-
fections qui sont l'Ordre immuable. Il est donc
évident qu'il y a du juste et de l'injuste, du vrai
et du faux à l'égard de tous les esprits ; que ce
qui est vrai à l'égard de l'homme est vrai à l'égard
des anges, est vrai à l'égard de Dieu[1]. Dieu est
infaillible par sa nature, car il est à lui-même
sa lumière ; et la raison lui est consubstantielle.
Aussi l'homme ne peut juger par lui-même, mais
par la raison universelle, qui a seule le droit
de prononcer les jugements. Comme l'esprit de
l'homme[2] est fini, il peut se tromper en jugeant
des rapports qu'il ne voit pas. D'où peuvent venir
les erreurs dans l'esprit humain, si la raison est

---

[1] C'est un des plus grands bénéfices de la raison, à savoir : la
Certitude.

[2] Observez l'attention qu'a toujours Malebranche de distinguer
la raison de l'esprit, c'est-à-dire de l'intelligence.

toujours la même? De ce qu'on cesse de la consulter. Il faut faire taire les sens et l'imagination [1];
l'homme n'est point sa sagesse et sa lumière. Qu'il
le sache donc : il y a une raison universelle qui
éclaire tous les esprits, une Substance intelligible
commune à toutes les intelligences, Substance
immuable, nécessaire, éternelle, dont tous les
esprits se nourrissent sans rien diminuer de son
abondance. Elle se donne à tous, et tout entière
à chacun d'eux. Or, cette sagesse commune et
immuable, cette raison universelle, c'est la sagesse de Dieu même, celle par laquelle et pour
laquelle nous sommes faits [2]. » — « Dieu, dit le
comte de Maistre, parle à tous les hommes par
l'idée de lui-même qu'il met en nous. Par cette
idée, qui serait impossible si elle ne venait pas
de lui, il nous dit à tous : C'est MOI. » — « Ou la
raison humaine n'est qu'une chimère, dit l'auteur
de l'*Indifférence*, ou elle dérive d'une raison supérieure, éternelle, immuable. Aucune raison
créée ne peut être qu'un écoulement, une participation de cette raison première et souveraine,

[1] Même remarque, note 2, pag. 26.
[2] Malebranche, *Traité de morale*.

mère et maîtresse de tous les esprits. Pour eux
la plus parfaite obéissance constitue le plus haut
degré de raison. » — « La raison, dit encore un
philosophe moderne, est impersonnelle de sa
nature. Ce n'est pas nous qui la faisons, et elle
est si peu individuelle, que son caractère est précisément le contraire de l'individualité, savoir :
l'universalité et la nécessité, puisque c'est à elle
que nous devons la connaissance de vérités nécessaires et universelles, des principes auxquels
nous ne pouvons pas ne pas obéir. La raison n'appartient pas plus à tel moi qu'à tel autre moi dans
l'humanité ; elle n'appartient pas même à l'humanité. Par ses lois, elle la domine et la gouverne.
Si la raison était personnelle, elle serait de nulle
valeur et sans aucune autorité hors de l'individu.
La raison, étant la substance infinie en tant qu'elle
se manifeste, est une révélation qui sert d'inter-
prète à Dieu et de précepteur à l'homme. Aussi
quand nous parlons de Dieu, nous avons droit
d'en parler, parce que nous en parlons d'après
lui-même, d'après la raison qui le représente [1]. »

---

[1] *Fragments philosophiques.*

Cette faculté serait la plus noble partie de l'homme, s'il ne possédait le cœur, par lequel il peut aimer ce Dieu connu...

Il faut s'attendre à ce que la raison, en donnant à l'homme l'idée de substance, lui fournit les idées des caractères de la substance. Aussi, par l'observation interne, comme par l'observation des langues, retrouvons-nous dans l'âme, d'abord l'idée de substance, ensuite toutes les idées qui en manifestent les caractères; idées absolues, infinies comme elle, idées qui ne peuvent venir par les sens, puisqu'elles rectifient au contraire les perceptions que nous devons aux sens, qu'elles deviennent même leur condition d'existence au sein de notre esprit. Ainsi, de même que l'*idée de substance*, l'*idée de cause* ne peut nous être fournie par les sens, puisque pour eux il n'y a qu'une succession de phénomènes extérieurs. De même de l'*idée d'unité*, puisqu'il n'y a pour les sens que variété confuse; de même de l'*idée de loi*, puisqu'il n'y a pour eux que des effets; de l'*idée de l'infini*, puisqu'il n'y a pour eux que des objets finis; de l'*idée de l'absolu*, puisqu'il n'y a pour eux que des choses relatives; de l'*idée de l'immuable*, puisqu'il n'y a pour eux que des faits passagers; de l'*idée de l'éternité*, puisqu'il n'y a pour eux que le temps ou la durée successive; de l'*idée de l'incréé*, de la *perfection*, de la *félicité*, puisqu'il ne peut y avoir pour eux que des êtres créés, des objets bornés, des plaisirs finis ou des douleurs; de l'*idée du juste*, du *bien en soi*, puisqu'ils ne peuvent apprécier que des propriétés de couleur, d'odeur et de son; enfin, de l'*idée du mérite* et du *démérite*, c'est-à-dire que le bien a été fait ou omis par la volonté, car nous ne pouvons avoir l'idée du bien et du mal (toujours par suite de la conception rationnelle) sans concevoir que l'un doit être pratiqué et l'autre évité, sans concevoir pour l'agent l'estime ou le mépris, ce que les sens ne perçoivent point.

Non-seulement ces idées, appelées *rationnelles* du nom de leur origine, ne nous viennent point par les sens [1]; elles sont encore la condition logique

---

[1] Seulement les sens font notre éducation, en réveillant ces idées à propos des jugements qu'ils nous obligent de porter. Ils

des idées qui nous viennent du côté des sens.
Ainsi, la raison nous donne l'idée de *substance*,
sans laquelle on ne peut concevoir l'idée de
phénomène, puisque le phénomène ne peut être
conçu que comme la manifestation d'une substance. L'idée de substance est donc la condition
logique de l'idée de phénomène. Ainsi de l'idée de
l'*infini*, par rapport à celle du fini, puisqu'on
ne peut avoir l'idée d'une diminution de l'être
sans avoir celle de la totalité de l'être; de l'idée
de *cause*, puisqu'on ne peut avoir l'idée d'un
effet sans le concevoir comme le produit d'une
cause; de l'idée de *loi*, puisqu'on ne peut avoir
l'idée d'une constante répétition de faits sans la
concevoir comme le résultat d'une loi; de l'idée
de l'*éternité*, puisqu'on ne peut avoir l'idée du
temps, ou d'une portion dans la durée, sans concevoir la durée absolue; de l'idée de l'*espace*
avant l'idée de corps, puisqu'on ne peut avoir
l'idée d'un corps sans le concevoir comme occupant l'espace; enfin et en somme, de l'idée de
Dieu, par rapport à la création, puisqu'on ne

sont, si l'on veut, l'origine chronologique de ces idées, mais non
leur origine logique et véritable.

peut concevoir l'idée d'une création sans la concevoir comme l'œuvre d'un créateur. Les idées
de substance, d'infini, de cause, de loi, d'éternité,
d'espace, de Dieu, etc., c'est-à-dire les idées
rationnelles, sont donc la condition logique, sinon
chronologique, des idées du phénomène, du fini,
du temps, des corps et du créé. On croirait
bien plutôt qu'il existe une substance sans phénomène, l'infini sans le fini, la cause sans
l'effet, la loi sans son être, l'éternité sans le
temps, un espace non-occupé par un corps,
Dieu sans la création, que la création sans le Créateur, un corps n'occupant pas d'espace, une succession sans la durée, un être sans sa loi, un effet
sans cause, le fini sans l'infini, un phénomène
sans substance; car le premier fait est possible,
et le second absurde, contradictoire.

Il en résulte qu'on nierait toutes les idées four-
nies par les sens ou par le raisonnement, plutôt
que les idées données par la raison. Puisque
l'esprit de l'homme ne peut les nier sans se nier
lui-même, puisqu'elles sont en lui comme le
fondement de toute certitude, ces idées sont donc
Certaines; et telle est la première propriété de la

raison. Mais, comme ces idées se produisent en nous indépendamment de nous ; qu'à propos d'un effet, par exemple, nous ne pouvons pas ne pas avoir l'idée de cause ; qu'en présence d'une action, nous ne pouvons pas ne pas la qualifier de juste ou d'injuste, et de concevoir de l'estime ou du mépris pour l'agent ; qu'enfin nous ne pouvons pas ne pas les avoir, ces idées sont donc *Nécessaires* ; et telle est la seconde propriété de la raison. Mais, si ces idées sont nécessaires, qu'il ne dépende point de nous de ne les pas avoir, elles existent dans tous les esprits et avec les mêmes caractères ; si effectivement elles se retrouvent plus ou moins développées, selon les civilisations, mais les mêmes chez tous les peuples, dans tous les hommes ; et comme s'ils portaient le chiffre de Dieu, ces idées sont donc *Universelles* ; et telle est la troisième propriété de la raison. Mais, si ces idées sont partout indépendamment des hommes et des lieux ; si les sciences et la morale ont, depuis le commencement du monde, pris leurs fondements sur elles ; si, bien opposées aux connaissances scientifiques, qui ont varié avec l'esprit humain, elles sont restées les mêmes ; bien que diversement comprises et appliquées , semblables aux réalités absolues qu'elles représentent ,. ces idées sont donc *Immuables;* et telle est la quatrième propriété de la raison. Mais si , au-dessus des idées acquises par l'intelligence que modifie le progrès des lumières, ces idées ne peuvent être ni combattues , ni niées avec vraisemblance; si le contraire de la vérité scientifique ou acquise est possible et concevable , et le contraire de la vérité rationnelle impossible et toujours in-concevable ; si , loin d'avoir été appris , les axiomes sont ce avec quoi on apprend tout; et, loin d'être le résultat des efforts de l'esprit humain, ils en sont le point de départ inévitable; si donc les idées rationnelles, ou axiomes, ne peuvent être ni inventées , ni enseignées ; ni perfectionnées, ni refusées, si enfin elles ne relèvent que d'elles= mêmes , semblables à la substance éternelle qu'elles représentent en nous , ces idées sont donc *Absolues;* et telle est la cinquième propriété de la raison. Mais si ces idées se produisent en nous indépendamment de nous , si elles ne subissent point les phases de la pensée humaine , si elles se montrent avec les mêmes caractères chez tous les

peuples, si elles sont la condition et le caractère de toute vérité, si elles ne peuvent être ni
inventées, ni changées, si elles sont souveraines et s'imposent à la personne, il est clair
qu'elles ne viennent point de la personne. Si elles
ne viennent point de la personne, ces idées sont
donc *Impersonnelles* ; et telle est la sixième et dernière propriété de la raison, celle qui les exprime
toutes. Car, si elles sont impersonnelles, universelles, nécessaires, certaines, immuables, absolues, ces idées sont DIVINES..... Τοῦ γε ἀνθρωποῦ
λόγος πεφύκεν ἀπὸ τοῦ θειοῦ λογοῦ. Et de là ces mots de
Bossuet : *Les vérités éternelles sont quelque chose
de Dieu, ou plutôt sont Dieu même.*

Si la raison vient de Dieu, si les idées qu'elle
nous apporte sont la certitude même, il ne s'agit
que de les appliquer telles que Dieu les envoie :
c'est le rôle de l'intelligence, dont la plus parfaite soumission à la raison constitue le plus haut
degré de vérité. Si la raison venait de l'homme,
l'homme pourrait la contester, elle n'aurait aucune
autorité sur lui : et l'homme chercherait sa loi.
Ce qui vient de l'homme, c'est l'usage qu'il en
fait, et sa disposition à s'y soumettre ou à s'en

écarter. Mais, parce que la raison vient de Dieu, l'intelligence lui doit son acquiescement, la volonté son obéissance : et l'homme a trouvé sa loi. Telle est l'importance de la question de l'origine et des caractères de la raison, tel le moyen que Dieu a établi sur la terre pour empêcher la vérité de disparaître sous le sens privé, telle la barrière placée entre l'homme et la folie.

Ces faits, aussi complétement exposés, abrégent beaucoup de considérations. Par un énoncé succinct, il est maintenant aisé de se faire une idée de l'intelligence et de ses fonctions. Comment ces idées rationnelles, toutes divines, qui nous ont été données pour nous conduire au milieu de la création, pourront-elles nous éclairer dans le temps, où tout est fini, spécial, successif? Ne faut-il pas que l'homme ait un moyen par lequel la lumière impersonnelle, infinie, absolue, universelle de la raison, puisse, pour s'appliquer à tous les faits du temps, devenir personnelle, finie, relative, successive et particulière? Cet instrument de relation avec les choses du temps ne doit-il pas avoir la faculté : 1° de percevoir la lumière de la raison, et c'est ce qu'effectivement on nomme la perception ou l'*attention;* 2° d'introduire ses idées infinies dans des formules limitées, ou images, qui les maintienne devant l'esprit, et c'est ce qu'effectivement on nomme l'*imagination;* 3° de descendre de l'absolu au relatif pour arriver de la loi universelle à tous ses effets, et c'est ce qu'effectivement on nomme la *déduction;* 4° de ramener le relatif à l'absolu pour remonter de la multitude des effets à leur unique cause, et c'est ce qu'effectivement on nomme l'*induction;* 5° de retrouver l'unité et l'identité du moi, diversifié comme il l'est en ce monde par le temps et l'espace, et c'est ce qu'on nomme la *mémoire;* 6° de briser l'unité d'un tout pour en étudier isolément et en elle-même chaque partie, et c'est ce qu'on nomme l'*abstraction;* 7° de ramener les diverses entités créées par l'abstraction à leur généralité pour recomposer le tout primitif, et c'est ce qu'on nomme la *généralisation;* 8° enfin de comparer les divers objets pour établir leurs rapports, leurs genres et leurs espèces, et c'est ce qu'effectivement on nomme la *comparaison ?*

On voit que ces huit facultés ne sont que les divers pouvoirs qu'a l'homme de se servir de la raison, c'est-à-dire les divers moyens par lesquels cette lumière éternelle et absolue vient éclairer les pensées et les objets relatifs et finis de ce monde. Toutes ces facultés au service du moi ne forment qu'un seul instrument à plusieurs fonctions, qu'on nomme l'Intelligence. L'intelligence n'est que le moi en tant qu'il se sert de la raison. Puisque la *Raison* n'est point une faculté personnelle, et qu'elle tire précisément sa valeur du caractère opposé, il est certain qu'il faut la distinguer des facultés personnelles, c'est-à-dire des propres fonctions du moi, du moi en tant qu'il est éclairé par la raison, en un mot de l'*Intelligence* [1].

Qu'on ne dispute pas ici sur des mots, en prétendant, par exemple, que l'intelligence se compose de la raison, et la raison de l'intelligence : ce qui assurément doit être, puisque la raison,

---

[1] Tous les hommes diffèrent dans les idées acquises, ou de l'intelligence, parce qu'elles viennent d'eux ; tous se ressemblent dans les idées innées, ou de la raison, parce qu'elles viennent de Dieu.

comme on vient de le voir, est faite pour éclairer l'intelligence, et l'intelligence pour se servir de la raison. D'autant que l'esprit de l'homme est un tout, et qu'en sortant de la science, c'est-à-dire de la distinction, on peut, pourvu que l'on s'entende, l'appeler intelligence ou raison. Que bien plutôt on se félicite de ce que la langue porte en elle une distinction aussi bien faite ; de ce que, sans consulter les philosophes, elle ait toujours attribué la sagesse à la raison, et la formation de la pensée à l'intelligence ; de ce qu'avec Platon, comme avec Bossuet, elle ait toujours placé la loi morale et la certitude dans la raison, l'ignorance et l'erreur dans l'intelligence, la science en celle-ci ; et le sens commun en celle-là ; de ce qu'elle nomme faux ce qui est contraire à l'intelligence, mais absurde ou contradictoire ce qui s'oppose à la raison ; de ce qu'elle qualifie d'ignorant celui à qui manque la première, mais d'insensé celui qui manque à la seconde ; de ce qu'enfin elle *donne raison* et non *intelligence* à qui est dans la vérité. Et le siècle sait parfaitement de quoi je parle, lui qui se flatte de tant avoir d'intelligence, quand je l'accuse de ce qu'il manque de raison...

Cette distinction n'est donc point si nouvelle !
D'abord, elle résulte des langues, qui renferment
les deux expressions pour la faire ; la trace en est
tout établie dans la constitution des mots qui,
sortis du sens commun, portent témoignage pour
la génération qui les créa comme pour celles
qui, depuis, s'en servirent. Ensuite, elle résulte du langage des Écritures et de celui des
Pères de l'Église, qui, avant que nous ne fissions
la science de la psychologie, en ont eu le génie.
Au plus loin possible, saint Augustin, par exemple, dans son livre de l'*Ordre,* après avoir expliqué
ce que c'est que la raison, comment elle fournit
les éléments de toutes nos connaissances, ceux
qu'elle dépose dans les sciences et dans les arts,
qui prennent en elle la source du beau, ajoute :
« Mais, c'est l'esprit qui fait ces sciences et ces
« arts, c'est l'INTELLIGENCE qui est en nous ; c'est-
« à-dire *cette partie de nous-même qui fait*
« *usage de la* RAISON, et qui se conduit selon ses
« règles. »

Maintenant on conçoit que l'intelligence, habi-
tuée pour la pensée à se servir de toutes ses facultés d'*induction,* de *déduction,* d'*abstraction,* de

généralisation, etc., se persuade qu'il lui suffise de réitérer ces opérations pour produire la vérité. Le savant finit souvent par croire qu'il suffit de conduire son raisonnement dans un ordre logique pour arriver au vrai. Assurément, il faut déduire du principe ses logiques conséquences ; mais le grand point est d'établir la vérité du principe, en un mot, de le puiser dans la raison, au lieu de le puiser en soi. Nous avons vu plus haut la source de la vérité, nous trouvons en ce point la source des erreurs. Si la raison est une lumière qui vienne directement de Dieu et nous demeure impersonnelle, l'intelligence est une lumière allumée par la raison, et qui nous devient personnelle. Il n'y a rien de vrai dans l'intelligence qui ne vienne de la raison. Toute vérité n'est qu'un principe rationnel, en quelque sorte transvasé de la raison dans l'intelligence. Mais il y a malheureusement dans l'intelligence autre chose que ce qui vient de la raison, ses propres idées d'abord, sans parler des passions et des intérêts adoptés. Si la raison seule reste obscure, comme dans le vulgaire, qui possède la raison sans l'intelligence ; l'intelligence seule, privée de la raison, devient absurde, elle

sort du sens commun. Le faux n'est qu'un produit
de l'intelligence séparée de la raison. Que l'intelligence ait soin de ne jamais laisser échapper dans
ses opérations le rayon de la lumière rationnelle,
elle aura tout à la fois la certitude de la raison et
la clarté de l'intelligence, ce sera l'idéal de la
pensée scientifique. Amener ainsi la lumière du
sommet de la raison, la faire parvenir à travers la filière de l'esprit jusqu'aux objets finis de
ce monde, est ce qu'on appelle raisonner. Le
raison-nement, comme l'indique l'étymologie, est
ce qui est fait au moyen de la raison. Mais souvent
le raisonnement bannit la raison, comme le dit
très-savamment Molière ; car c'est ici qu'arrive
l'homme.

Qu'on juge donc s'il est préférable de développer
avant tout en notre âme ce qui est de l'homme ou
ce qui est de Dieu, l'intelligence ou la raison.
Qu'on juge si l'époque *a raison* de donner ses
préférences à l'exercice à peu près exclusif des
facultés scientifiques et relatives ! L'intelligence
est aussi bien l'instrument de l'erreur que celui
de la vérité, et l'époque en sait quelque chose.
On peut bannir la raison sur un point, on peut la

bannir sur plusieurs, on peut la bannir sur tout
un ordre de réalités. Si, par abus, par orgueil
d'elle-même, elle prend ses propres formules et
ses définitions particulières pour des principes ;
si, au lieu de puiser sa lumière dans la raison,
elle la puise constamment en elle, à force de
s'échafauder derrière ses raisonnements, l'intelligence finit par tomber dans ce qu'on appelle
l'erreur par négation de réalité. Comme l'œil qui,
parce que les objets qu'il voit se peignent en lui,
fermerait la paupière et continuerait à se mouvoir
pour faire apparaître en lui les réalités; ainsi l'intelligence, enfermée dans son orbite, croit trouver
tout en elle et engendrer de son propre sein la
vérité; elle ne veut plus se résoudre à l'aller chercher hors d'elle. De là l'*idéalisme*, par exemple,
qui nie la matière; le *matérialisme*, qui nie l'esprit; et l'*athéisme*, qui nie Dieu. On ne nie une
réalité que parce qu'on a depuis longtemps fermé
les yeux sur elle. Ces erreurs ne peuvent être
entretenues qu'à grands frais d'intelligence; elles
sont inabordables aux masses. Leur source est
dans le mépris ou des sens, ou du sens intime,
ou de la raison, par lesquels ces trois réalités s'of-

frent à notre esprit. Pour y remédier, dit M. Noirot, il faut que ceux qui se jugent supérieurs au vulgaire se résignent à croire à leurs sens, au sens intime et à la raison, comme le vulgaire y croit. On n'arrive point à de telles erreurs sans avoir fait beaucoup d'esprit. Il faut souvent beaucoup d'intelligence pour perdre la raison. Mais ici se présentent les effets redoutables : à force de bannir la raison, on finit par se trouver complétement privé de communication avec elle, par n'en recevoir aucun secours. La folie n'est que la rupture entre l'intelligence et la raison. Et, comme on le pense, l'homme reste naturellement du côté des facultés personnelles[1].

On voit des fous qui *perçoivent*, *déduisent*, *font abstraction*, *généralisent*, *se souviennent*, ont de l'*imagination*; pas, je pense, qui aient de la raison. Distinction faite, cette fois, par la nature, et que plus d'un homme d'esprit sera tenté de ne pas sonder plus avant... Là fut la plus habile tactique du xviiie siècle, de dire qu'il avait la raison pour lui, de la jeter partout en

---

[1] Cette rupture peut avoir lieu également par une fatigue ou une maladie du cerveau.

avant contre la Foi, quand il est vrai qu'il n'em-
ployait que l'intelligence, l'esprit de l'homme,
ce qu'il y a précisément de moins certain. Et là
sera, vu notre peu de philosophie, la racine
du xviii⁰ siècle la plus difficile à extirper, de faire
de nouveau comprendre que la raison n'est point
l'intelligence, et de promptement recourir à la
première contre les maux dont nous inonde la
seconde. C'est une erreur d'une grande portée.
Le sophisme a fait périr l'ancienne Grèce, il a fait
périr le Bas-Empire, il a porté le schisme au sein
des royaumes chrétiens. Or, le sophisme n'est
que la plus brillante opération de l'intelligence qui
se sépare de la raison.

—————

Reprenons notre chemin. On sent que les applications de toutes les *Idées rationnelles* à Dieu, à
l'homme et à l'univers sont sans nombre : la vie
du genre humain et tous les hommes de génie
n'ont pas suffi jusqu'à ce jour à les tirer. Les
erreurs qu'on peut mettre à leur place sont donc
aussi innombrables. En dehors de l'ordre scienti-

fique, ces applications à la conduite humaine
sont, quoique plus simples, tout aussi consi-
dérables. Sans parler de cette Idée dominatrice
de Dieu, que la prédominance de la raison étend
vaste comme les Cieux au-dessus de la tête de
l'homme, ni de cette vue constante de sa petitesse
en même temps que de la grandeur des lois qui
le régissent, choses si excellentes pour tracer à sa
vie, dans les régions supérieures, l'orbite qu'elle
doit parcourir. À ne prendre qu'une ou deux conséquences applicables à la situation, si la raison
dominait, on verrait, par exemple, les hommes
pénétrés de respect pour les traditions du passé,
pour ce qui est universel, conséquemment nécessaire, conséquemment absolu. Les grands sentiments et la sagesse passeraient avant l'esprit; et
toutes ces idées qui nous minent sur l'instabilité
de la vérité, sur l'incertitude d'une religion, sur le
néant d'une loi morale éternelle disparaîtraient.
On sentirait, avant tout, qu'il y a pour l'homme une
loi, une morale, une religion nécessaires, absolues, infaillibles, celles qui règlent les rapports
nécessaires, absolus, infaillibles qui doivent exis-
ter entre Dieu et l'homme, puis entre l'homme et

ses semblables pour les fins absolues. De là, on marcherait au but. Enfin, si la raison et ses idées dominaient l'intelligence, le torrent de fausses idées politiques et économiques qui coule depuis soixante ans, n'entraînerait chez nous que les folles têtes. Il y aurait, comme autrefois, des hérésies et des factions, mais non point des nations entières courant tête baissée dans l'erreur. On verrait des systèmes, on ne verrait pas l'opinion de tout un siècle disparaître sous le ridicule. Placés au-dessus des raisonnements, les esprits sentiraient avant tout, que rien ne peut prévaloir contre les lois éternelles qui veulent que le développement de notre âme pour Dieu soit la condition et le but des choses. Au-dessus des idées vulgaires et d'une science souvent fausse, toujours incomplète, les hommes seraient d'abord à l'abri de l'erreur, et réunis ensuite dans la lumière du sens commun, qu'ils perdent de nos jours. Écouter les idées de la droite raison avant de se fier aux idées acquises et relatives, est ce qu'en toutes choses on appelle avoir du bon sens. Qu'on le souhaite à toutes les têtes savantes avant de le souhaiter à la foule. La prédominance de la raison est tout dans l'homme, tout au sein d'une Société. Les croyances y sont toujours en proportion de la raison.

Or la raison, avons-nous dit, est, dans la conscience, le représentant de Dieu. Car il est, hors de la conscience, une révélation extérieure : l'une est à l'individu proprement dit, et l'autre au genre humain. De même que le langage, de même que toute faculté de l'homme, la raison doit être exercée, et révélée à elle-même, par une éducation extérieure. Cette éducation lui vient de la Foi. En quel état tombera la raison, si la Foi disparaît de chez l'homme? et, que restera-t-il à la Foi, si la raison est étouffée constamment par l'intelligence?

Malheureusement le fait est double chez nous, et je demande au siècle de s'en préoccuper. D'un côté la raison est affaiblie par la retraite de la foi ; de l'autre elle est obstruée par l'esprit, qu'on met à sa place. Jamais on n'a tant raisonné, jamais tant enfanté d'idées, et jamais il n'y eut moins de principes vivants. C'est précisément parce que la lumière que Dieu nous envoie par la raison s'égare en passant par l'intelligence, c'est-à-dire par le moi, ou l'esprit de l'homme, qu'il est obligé de la redresser et de l'éclairer de nouveau par la Foi[1] ! Ce n'est pas la raison qui manque à l'homme, mais c'est l'homme qui manque à la raison, lui seul qui devient absurde, insensé. Reconnaîtra-t-il long-temps cette lumière, que la passion fait vaciller en son esprit, si elle n'a au dehors un témoin incorruptible pour la retrouver, la défendre et lui dire : Tu es la raison ! Toutes les fois que la raison est tenue à l'écart de cette révélation extérieure, étouffée sous les causes secondes et fragmentaires qu'accumulent les perceptions intellectuelles, brisée par le double marteau de l'orgueil et des passions, elle disparaît sous l'idolâtrie, et l'homme, reprenant le nom d'esclave, grossit le nombre des troupeaux. Cette question est tout ouverte, tout évidente au sein de la distinction faite plus haut. En d'autres termes : pourquoi l'homme, qui a la raison, a-t-il besoin d'infaillibilité ? Comme Dieu ne peut se tromper ; que les

---

[1] Non-seulement la Foi rend à la raison les vérités qu'elle a perdues hors de son sein, elle lui apporte encore celles qui sont hors de ses limites ; ainsi que tous les faits de la tradition, qu'elle ne peut deviner.

idées du bien, du vrai et du beau qu'il nous envoie par la lumière rationnelle sont réellement les
idées du bien, du vrai et du beau ; comme toutes
conservent dans la raison leur caractère originel,
qu'elles restent impersonnelles, c'est-à-dire divines, ces idées sont donc infaillibles. La preuve
expérimentale en serait facile, il n'y aurait qu'à
observer si les conséquences directement tirées
des axiomes de la même raison sont infailliblement
conformes aux faits. Quand j'exécute avec la raison des opérations sur les lignes, les triangles et
les cercles, je suis sûr, si j'ai bien raisonné, de
retrouver les choses telles dans la nature. Bien
mieux, si elles n'y sont pas, je sais que c'est
ainsi qu'elles devraient y être, et impossible
qu'elles y soient autrement ! Nous l'avons vu,
nous ne pouvons plus l'oublier, la raison humaine
est une participation temporelle à la raison divine.
Si donc la raison est infaillible, qu'elle ne puisse
pas ne pas l'être, à moins de n'être pas la raison,
comment se fait-il que rien ne soit plus fail-
lible que l'homme ? Comment la raison, qui est
ce qu'il y a de plus certain, peut-elle devenir
dans l'homme, qu'elle est faite pour éclairer, tout

ce qu'il y a de plus incertain ? C'est que la
raison, pour arriver jusqu'à nous et pour éclairer les faits de ce monde, a besoin d'un instrument qui ramène ces conceptions infinies aux
proportions du fini, de traverser en un mot la
filière de l'intelligence et de produire des pensées. Et, sur ce point, la voilà livrée à l'imagination, aux passions, et aux sens, par lesquels
elle recueille les perceptions extérieures ! Si la
lumière rationnelle, en traversant l'intelligence,
peut perdre dans la pensée son impersonnalité,
son infaillibilité, il faut remonter la chercher dans
la raison. Oui, mais il faut repasser par l'intelligence ; n'y eût-il qu'à formuler la conception
rationnelle, voilà une pensée, et nous retom-
bons dans le même inconvénient. Y aurait-il un
autre moyen que l'intelligence, un autre organe
pour faire parler la raison et en interpréter fidèlement les arrêts ? Certainement, c'est de faire
interpréter la raison par la raison. « Il ne reste
« plus, dit M. Cousin, qu'à recourir à la raison
« non encore *tombée* dans l'humanité, à la raison
« infaillible, à la raison éternelle. » J'ignore tout
ce qu'a voulu dire le profond psychologiste, mais

à coup sûr cette raison, non encore tombée dans l'humanité et qui n'est point en son pouvoir (et il faut qu'elle soit en ce monde!); cette raison infaillible, éternelle, est la Foi, ou je n'entends plus la langue française.... C'est dans la Foi que la raison, dégagée des étreintes de la personnalité, est placée au-dessus de l'intelligence humaine et qu'elle retrouve la pureté de son origine, dans la Foi qu'en un mot la raison reste la raison. Elle est la retraite de la raison pure, le siége de l'infaillibilité, le sanctuaire où l'homme, exposé ici-bas à l'erreur, entend, de la bouche de Dieu, la véritable voix de Dieu. Car la question de nouveau se présente: si l'on rentre en toute certitude dans la raison, ne faut-il pas à l'instant une bouche infaillible pour en prononcer infaillible-ment les arrêts? Or, nous savons où est le Siége de la Foi et de l'organe de la Foi...

Comme on le voit, c'est à la raison que nous devons l'idée de Loi; avant tout, l'idée d'une vé-rité et d'une justice absolues, indépendante des hommes et des temps ; avant tout encore, l'idée d'un Dieu, source absolue, *substratum*, essence même de cette loi, de cette vérité et de cette justice absolues. La raison est dans notre sein comme une théologie vivante, l'ouïe à laquelle s'adresse, pour en être entendue et à la fois la garantir, la théologie révélée. Où résideront désormais ces Idées, sur lesquelles la Société repose, si la raison s'en va ? Il est aisé de voir pour chacun que ce sont ces idées mêmes qui se sont affaiblies en nous, ces idées dont nous doutons, et qui font présentement défaut à la Société. Que rétablira-t-on politiquement, si l'on ne rentre dans les écoles pour y rétablir l'homme ? On multipliera les baïonnettes pour remplacer la raison ; mais quand elle abandonnera ceux qui parlent aux baïonnettes, la Société disparaîtra.

Avec la raison tombe l'idée de Loi. Quand intérieurement on perd de vue l'origine et le caractère de la Loi, c'est-à-dire, aussi, sa divinité et son impersonnalité, on ne la croit plus que l'œuvre de l'homme. Elle perd son titre à l'obéissance. De l'absence de la raison naît la démocratie. Il en est exactement de même de l'idée de Société, de l'idée de Justice et de Souveraineté. Il n'y a plus rien d'absolu. L'homme se croit l'auteur de tout, et tout s'en va de ses mains.

Avec la raison tombe l'idée de Vérité. Quand on a perdu de vue l'origine et le caractère de la Vérité, c'est-à-dire, également sa divinité et son impersonnalité, on la croit fille de l'esprit et de production humaine. Elle perd son titre à la certitude. Avec la science naît le scepticisme. Plus rien d'absolu, plus rien de certain, il n'y a plus de croyances. Quand l'homme se croit la source de la lumière, il nie bientôt la lumière, et toute vérité s'en va de son esprit.

Avec la raison tombe conséquemment la Foi. Quand l'homme ne sent plus le témoignage intérieur de Dieu ; quand il perd de vue cette lumière qui vient en lui sans être lui, qui le dépasse, qui l'instruit et le régit avec le caractère d'une révélation interne, comment ira-t-il croire à une révélation externe venue pour la compléter et la garantir ? Il faut que l'esprit reçoive d'en haut la lumière pour s'ouvrir à la Foi. Dès que l'homme se baisse pour écouter les sens, il disparaît sous l'orgueil et la superstition.

Enfin, avec la raison s'en va la Conscience publique, qui se compose de tous les éléments, des
principes, des points d'honneur et de dignité,
des sentiments d'équité et de moralité publique,
des habitudes de respect et de décence universelle, sortis peu à peu, par le travail des siècles,
de la conscience privée. Ce trésor, que ne connut
pas l'Antiquité, versé goutte à goutte par le christianisme, forme le capital de la Civilisation
moderne. Il a fallu une quantité prodigieuse de
consciences impersonnellement dirigées vers un
même but, pour produire enfin cette puissance
au-dessus des gouvernements, plus forte que les
peuples, qu'on nomme Conscience publique. Une
fois constituée, elle enchaîne à leur place, par le
lien de l'honneur, la multitude des consciences
privées. Elle n'aide point au mérite des saints, qui
puisent en Dieu le motif et la perfection de leurs
actes; mais de toute sa force elle soulève au
niveau de la Société, la masse qui puise sa mesure
de conduite dans l'opinion extérieure. Elle est là
comme une épée tirée devant chaque conscience
tentée de fuir la voix intérieure. Par la répétition constante des mêmes jugements, elle parvient

à s'imprimer dans les cœurs échappés à l'éducation. Le vice qui a esquivé la conscience privée, se
tait et courbe sous le souffle de la conscience publique. Par elle, tout crime privé est réduit à son
cercle, et le mal ne peut étendre son incendie sur
les passions prêtes à l'embrasement. On fera le
mal individuellement, çà et là le bien sera attaqué ;
mais elle ne souffrira pas que le bien soit appelé
le mal, que le mal soit appelé le bien, et qu'on le
place au rang des Dieux. Gardienne de la langue,
et, par la langue, des vérités éternelles dont la
langue est l'armure au milieu des siècles, elle
maintient son nom au vice et son titre de noblesse
à la vertu. « La conscience publique, dit Balmès,
empêchera dans les temps modernes à la folie
humaine de diviniser les passions, de les placer
sur les autels après qu'elles auront été adorées par
le cœur. » Des injustices partielles, des erreurs
dans les écoles, des mauvais exemples chez les
hommes ; mais jamais les premières érigées en
gouvernement, les secondes en institutions, et les
derniers en bonnes mœurs. Grâce à elle, deux
consciences ; mais une, plus altière et plus
prompte, qui domine la société entière, et dont la

bouche apporte à l'oreille timide du méchant la voix terrible du genre humain. Que l'erreur se multiplie, que le mal se soulève comme une tempête, la conscience publique élèvera d'autant plus haut la grande voix. Comme la lumière, elle percera leurs ténèbres... jusqu'au moment où la raison s'éteignant dans chaque individu, elle disparaisse elle-même, comme lorsque tous les yeux sont fermés, disparaît la clarté du jour... Semblable, ai-je dit, au capital qu'une nation oppose à l'invasion étrangère, la Conscience publique est le dernier capital que la société oppose à la barbarie. Lorsqu'il disparaîtra, nous tomberons dans l'antiquité. Et comme sa chute entraînera certainement celle du pouvoir, nous rentrerons dans la barbarie.

Vous ne pouvez dire non, vous voyez les idées qui vous manquent : vous avez détruit l'organe de la croyance. Ainsi privés de tous ces éléments qui ont élevé une Civilisation à l'homme, des idées absolues de Loi, de Justice, de Souveraineté et de l'idée absolue de Vérité, comment le gouverner désormais ? Comment entrer dans son esprit, il n'y a plus que le vide ? Comment y déposer une direction pour la volonté, les prin-

cipes en sont partis [1]. Comment, en cet état,
les Souverains de l'Europe pourront-ils maintenir la société moderne ? Et qu'on mesure
l'étendue sur laquelle la démocratie a déjà porté
ses ravages...

———

Quand on ne se sert pas de la raison, elle
s'éteint, comme toute faculté inexercée. Et quand,
en son absence, on fait constamment passer devant elle une fausse réalité, l'esprit humain se
perd. La raison est fixée en Dieu, et l'intelligence
dans la raison ; c'est lorsque les deux facultés
sont dans leur direction, que l'homme reçoit la
lumière.

Cette faculté, la plus délicate de toutes, puisqu'elle a volontiers contre elle la nature entière,
sans parler de nos passions ; cette faculté, qui reste

---

[1] Ne voit-on pas que, depuis deux siècles, les esprits se re-
fusent progressivement à la religion? qu'elle ne pénètre plus que
chez ceux où est restée en quelque sorte ouverte la porte de la
bonne volonté? N'en a-t-il pas été ainsi, successivement, de
toutes les idées supérieures? Ou bien, sommes-nous tellement
plongés dans le mal qu'on ne le puisse plus voir?

endormie chez les peuples bornés aux sensations, comme chez les enfants, qui ne vit en nous que par les plus grands soins et au sein de la tradition conservatrice, n'a certes pas besoin d'être affaiblie! Une éducation qui laisse d'abord sommeiller la raison au sein de la fable, qui la dévie ensuite de sa direction supérieure, en la courbant constamment par les sciences vers la nature et vers le moi, produit sur la race humaine un office de dégradation. C'est une gymnastique qui voûterait la colonne vertébrale pour l'allonger. La raison, portée par les vertus de notre âme, est assez difficile à conserver, assez lente à naître, pour que nous ne l'étouffions pas au berceau. Tant de causes déjà concourent en ce moment à notre ruine! Avec la Réalité métaphysique, disparaîtront la morale et la pensée; et avec la morale, la politique et toute législation d'une société dans le vrai.

Que de personnes se sont aperçues d'une chose, c'est qu'on ne peut pas raisonner avec l'époque parce qu'elle manque de principes. Cette absence de principes n'est que l'absence de la raison. Elle est le sol fixe où les principes s'établissent.

Ce qui ne vient pas de plus avant que l'intelligence, flotte au vent des disputes et des opinions d'un siècle, et ne laisse aucune solidité à l'homme. Les caractères ont disparu ; plus de point d'appui pour les institutions, plus d'ancre fixée à jamais dans l'honneur. Les plus belles intelligences de l'époque ont volé, comme les temps, vers toutes les chimères. L'homme est comme déraciné. Cette disposition qui a fait tomber la religion de nos âmes, les laisse absolument sans fondement en politique et en morale. En cet état, tout s'en ira au cataclysme, jusqu'à la pensée humaine, jusqu'à la dernière planche sur laquelle l'Europe s'est sauvée. Le Christianisme avait acquis à la raison une puissance qui, on le sent bien maintenant, se retire en même temps que lui.

Le scepticisme et le panthéisme résultent de l'affaiblissement de la raison ; cette faculté n'a plus la force de croire à la valeur objective, ontologique, des Idées qui la constituent, en un mot la force de croire à l'Absolu. Fera-t-on pénétrer la religion dans des têtes de bois ? Le panthéisme germe de tous côtés, il faut pourtant savoir d'où cela peut venir ! Effectivement, de cette situation de la raison acquise dans la jeunesse, les Allemands, sans voir là une infirmité, ont tout simplement déduit leur idéalisme systématisé. Après une critique très-légitime de l'empirisme, ils firent celle de la Raison pure : — « l'homme ne peut sortir de son âme; qui prouvera « la valeur ontologique de la grande faculté ? » — Ce panthéisme jette en ce moment chez eux l'anarchie dans leurs sciences, dans leurs idées morales et politiques, et a transformé leur philosophie, dite *transcendante*, en une folie qui dépasse effectivement toutes les imaginations orientales et païennes. Monté en quelque sorte sur la pyramide de nos connaissances, l'esprit moderne a lancé dans le vide des ombres autrement gigantesques que par le passé. Il descend de là des idées incroyables, fatales aux esprits, répandues aujourd'hui dans l'air sans qu'on en saisisse la formule, et dont on n'a pas assez remarqué en nous les racines. L'espace infini étant laissé vide par l'inaptitude de la raison à justifier d'une valeur objective, vous allez voir l'homme revenir et créer Dieu sous vos yeux :

Comme l'âme ne perçoit que des phénomènes, qu'elle ne peut jamais atteindre la substance ; que, du reste, le passage du fini à l'infini, du subjectif à l'objectif est impossible, puisque l'âme ne s'avance qu'avec elle-même, que tous ses actes sont subjectifs, le subjectif seul est certain, c'est la seule réalité, l'unique point de départ de toute philosophie. Ce que nous prenons pour l'objectif, pour la Réalité, n'est qu'un phénomène du moi, une ombre que nous détachons au-devant de nous-même, comme l'image des songes dont aucun objet extérieur ne produit la vision en nous. La substance, l'éternelle substance, au lieu d'avoir sa source dans l'absolu, part du relatif ; elle s'élève successivement par les principes enfermés en elle, et, de transformations en transformations, arrive jusqu'à l'homme. C'est en lui qu'elle prend possession d'elle-même par la pensée. La pensée se possédant, ou la réflexion, est ce qu'on appelle la raison. La pensée, la raison, c'est la substance prenant conscience d'elle-même et retrouvant son unité ; en un mot, c'est Dieu. Les phénomènes environnants, l'univers entier, ne sont qu'une production de l'âme réfléchissant

hors d'elle, pour se connaître et pour son développement indéfini, les produits de son activité.
Ainsi, comme l'âme ne peut aucunement atteindre
la substance, et que, par le sens intime, au contraire, elle se sent positivement un être, une
substance, elle est la substance, elle est l'être ;
la substance ne se réalise et ne s'achève qu'en
elle, ce n'est plus Dieu qui crée l'homme, c'est
l'homme qui crée Dieu.

De là l'Identité fameuse du sujet et de l'objet,
suprême découverte de Schelling, et ses formules
algébriques exposées bientôt par Hégel, donnant,
sans s'émouvoir, l'Équation de l'homme et de
Dieu !

En trois pas du raisonnement, faits par trois
hommes d'une vaste intelligence, la pensée fut
conclue. On est simple en Allemagne. C'est Fichte,
connaissant les données de Kant, qui avait dit : le
moi se pose en s'opposant le non-moi ; mais de
cette opposition il résulte que le moi seul subsiste,
que ce qu'il nomme le non-moi ne se compose que
des actes, de l'évolution du moi hors de lui-même ;
ce qu'il croyait être hors de lui, la nature, n'est
qu'en lui ; ce sont ses propres sensations, et ses

abstractions réalisées. Or , puisque ce moi, ajouta Schelling , est une substance ; il doit contenir tout ce qui fait être , il ne peut être que l'absolu lui-même. Car toute substance est ce qui existe par soi , est ce qui renferme toutes les conditions de l'existence ; or il n'y a que l'Infini qui existe par lui-même , qui renferme toutes les conditions de l'existence. Dès lors, ajouta Hégel, Dieu étant l'Intelligence infinie, la substance infinie, et ne pouvant comme tel prendre conscience et possession de lui-même dans une personnalité finie , qui serait la sienne , en tant que toute personnalité suppose une séparation , une distinction de ce qui n'est pas elle , dès lors une limite , Dieu donc se réalise et ne prend possession et connaissance de lui-même que dans une variété infinie de phénomènes et de personnes , c'est-à-dire dans l'univers et dans l'Humanité. La science ; l'histoire n'est que l'action de Dieu. De là , l'équation de la pensée et de la réalité , de l'idée et de l'infini.

> « Et dites ce qu'était cette raison superbe ;
> « Quand elle adorait ses débris !... »

Le scepticisme a fait le vide dans l'espace, en en chassant la substance ; le panthéisme y ramène l'homme et le met à la place de Dieu. L'orgueil est au commencement de l'erreur, comme au commencement du mal. On juge de toute une époque par sa philosophie ; voilà celle qu'a produite la nôtre ! En suivant avec soin les raisonnements qui précèdent, on a une belle expérience des mouvements que peut exécuter l'intelligence en dehors de la raison. Dérobant un lambeau d'axiome, et refermant les yeux, elle se met à courir seule, voulant déduire et déduire, le regard toujours en elle. Ces systèmes, qui nous représentent un des vastes produits de l'intelligence moderne, manquent précisément de génie, c'est-à-dire de raison. Si l'on rentrait dans cette faculté, si l'on jetait sérieusement les yeux sur la notion de l'Infini, on verrait le panthéisme fondre comme le plomb. Beaucoup d'Allemands ne savent encore qu'en penser ; mais ils s'amusent beaucoup d'avoir produit tout cela, et la jeunesse européenne vit très-sérieusement là-dedans. Comparez nos métaphysiciens, depuis un siècle et demi, à la haute race de Descartes, de Pascal, de Leibnitz, de Bossuet, et à la grande chaîne des Théologiens du moyen âge ; ou, génie à part, comparez

seulement les Écoles! Pour la haute diplomatie,
la politique, la législation, il en est malheureusement de même. Le faîte de l'homme disparaît avec
la raison. Dans ce siècle, les prophètes ont abjuré,
les poëtes crié avec la foule, les hommes d'État
changé le principe ; et les hommes de la nation
désertent l'honneur, dernière citadelle des nations.

Les Allemands étaient restés à peu près intra-
duisibles en France. Le panthéisme est né chez
nous presque aussi spontanément, quoique avec
un génie philosophique bien inférieur. Il occupait
déjà toutes les branches de la science et de la littérature, qu'il n'était pas installé au sommet. Ses
pauvres fondateurs ne se sont pas élevés sur les
ailes de la pensée humaine, ils n'ont pas non plus
marché par quatre chemins. Ils s'établirent tout
simplement dans leur orgueil, et partant du moi,
sur quelques paroles d'Outre-Rhin saisies au vol
dans M. Cousin, ils ont dit que tout ce qu'on
voyait, percevait, pensait, était du moi ; que ce
moi, borné par la personnalité, s'élevait à l'état
de Dieu par l'Humanité ; que nos générations suc-
cessives n'étaient que le même homme reparais-
sant toujours pour s'achever ; qu'enfin, dans cette

métempsychose, on perdait bien, si l'on veut, l'individualité et le souvenir, mais en y gagnant la mémoire et l'Identité, qui est l'Égalité !! Et d'ailleurs, la nature entière et la Société pour la satisfaction du moi ; Dieu, le génie du mal ; l'anarchie, un gouvernement ; la propriété, un vol ; il y a là bien des compensations ! En France, quand on manque de sens, on n'est pas simple, on est niais. Si ces espèces de philosophes n'ont pas su remonter par les fausses voies de l'ontologie, pour nous jeter, des profondeurs de l'être, les principes du panthéisme, ils ont bien su en trouver les conséquences morales, à savoir : que toutes nos passions sont légitimes, n'étant que des mouvements divins ; que toutes nos faiblesses viennent de Dieu, nos misères et nos crimes de la Société ; enfin les conséquences sociales, à savoir : le socialisme, c'est-à-dire l'égalité ou l'orgueil absolu du moi, et l'absorption de toutes les individualités dans une seule, celle de l'État, lequel, comme il est dit, gouverne sans gouvernement... Et la foule de crier *Amen* sur ce latin. Notre panthéisme en haut se traduit par l'anarchie dans la foule ; c'est la même maladie à nos deux extrémités. L'affaiblissement de la

raison au sein de cette furie de l'esprit, ôtera tout
moyen de nous arracher à la révolution qui menace la civilisation moderne ; il rendra, pour le
moment, le despotisme indispensable. Avec la
raison s'en vont les croyances ; avec les croyances,
les principes ; avec les principes, les hommes.
Rien ne fixe plus les États.

———

D'où provient une pareille contagion du panthéisme ? De la prépondérance du moi sur la
raison. A quel point faut-il que se soient effacées
la notion de cause et celle de l'infini, pour expliquer
l'Absolu précisément par la donnée du relatif.

Déjà éclate de partout dans nos mœurs l'effet des
idées qui règnent sur les hauteurs de la pensée.
Cet orgueil, aujourd'hui universel chez les individus, est un symptôme effrayant. On ne pourrait l'attaquer individuellement que par l'éducation. Le
rétablissement de l'ordre n'est que celui de l'éducation. L'orgueil naît psychologiquement de la faiblesse en nous de la raison, c'est-à-dire de la partie
divine ; et de la prédominance de l'intelligence, c'est-
à-dire de la partie humaine. Quand Dieu baisse,

l'homme, monte. L'homme qui ne grandit qu'en s'élevant dans la contemplation de Dieu, aperçoit de plus en plus son néant devant l'incomparable grandeur. Celui qui sent se mouvoir autour de son âme, dans une lumière qui la pénètre, toute la sphère du monde divin, s'incline et ploie d'une humilité heureuse ; celui qui ne voit plus que la nature, se trouve tout de suite le plus grand animal du monde. On croit savoir tout dès qu'on ignore tout ce qui reste à savoir. L'humilité a sa pratique, elle a aussi ses conditions intérieures. La conception antique place l'homme au sommet de l'ordre naturel avec une sagesse si souveraine, si surabondante, qu'elle rend inutile la conception d'un Ordre surnaturel. Ce point de vue antique, qui déjà est notre pente universelle, étend de trop fortes racines pendant que nos jeunes années sont exclusivement nourries des auteurs païens ; il fixe et consolide l'orgueil originel. Or, cet orgueil est notre nature même ; si elle prend toute la place, le Christianisme ne trouvera que plus de peine à la surmonter. Aujourd'hui les hommes mêmes que l'orgueil n'a pas frappés directement, sont atteints d'une sorte d'influence, et portent sa pesanteur

jusque dans les bonnes voies. Le monde est pavé
de ces consciences enorgueillies, auxquelles personne n'est plus maître de faire faire un pas vers
la perfection, vers l'humilité. Le commerce de
réciproque modestie, de mutuelle déférence qu'en-
tretenait la bonne compagnie se perd de plus en
plus. Toute simplicité est envahie, loin d'être res-
pectée. La présomption personnelle brise tout du
marteau, et notre dissolution interne se poursuit
aussi rapidement que l'autre. Les mœurs chrétiennes tombent visiblement; nous disparaîtrons
avec elles. Veillons l'homme au début, si nous
voulons assister à sa naissance intérieure. Tout
facilite le moi, tout concourt à amoindrir l'élément
impersonnel et divin. C'est celui qu'il faudrait seconder, pour arrêter l'irruption de l'orgueil universel. Je disais donc que les gens modestes sont
toujours des gens de beaucoup de raison, et les
orgueilleux, ceux chez lesquels la raison est restée
inférieure; jusqu'à ce qu'on touche à la folie, qui
est la complète submersion de la raison dans l'intelligence privée.

Le génie, lui-même, n'est qu'un grand développement de la raison. Toute l'intelligence pos-

sible n'arrivera jamais au génie, pas même au bon sens. Au contraire, elle enfantera des systèmes avec ses propres aperçus. Le génie a la candeur de l'enfant ; il écoute tout, comme lui, comme la raison intérieure ; on raconte les traits de simplicité des hommes de génie, et les traits d'esprit des hommes de salon. Ce n'est que l'intelligence qui entretient l'erreur chez les hommes... L'intelligence est faite pour employer et servir la raison, et non pour se mettre à sa place ; il faut la cultiver dans ce but. Les hommes sensés s'attacheront toujours à un plan d'éducation où, contrairement à l'impulsion donnée depuis soixante ans surtout, le développement de l'intelligence sera subordonné au développement de la raison. Plus loin, nous dirons en quoi cela consiste simplement. Dût-on tomber dans un nouvel excès, il vaudra toujours mieux multiplier les gens de bon sens que les fous. Ces données psychologiques éclairent suffisamment la question de l'instruction du peuple, quand, sous ces mots, on veut détruire cet équilibre si providentiel qui existe entre son intelligence et sa raison, dans ce qu'on appelle le bon sens. Si le peuple nous ressemblait, nous serions immédia-

tement perdus. Mais sommes-nous si différents de
la foule qu'il faille, pour nous monter l'esprit, faire
de nous des insensés?

Il n'est pas à propos d'entrer dans les autres
questions pour parcourir tout le cercle, et montrer
sur les sciences, par exemple sur la Législation,
sur les Gouvernements, sur l'économique, sur les
arts et les idées de l'Europe, les effets de l'affaiblissement de la raison. Il suffit que j'aie cité le
Panthéisme, comme compendium de l'état de la
pensée, et la Démocratie, comme conclusion de
l'état des faits... L'esquisse est tracée, on peut
ombrer le tableau. Le mal exposé, retournons
à sa source.

Déjà j'ai indiqué comment le paganisme, de sa
seule présence, écarte la raison : en effaçant
la Réalité métaphysique qu'elle remplace par la
multitude des causes finies, en déposant le doute
dans l'homme à la place de la notion de l'absolu, de la conception de l'Infini. Retournons
à cette question de l'effet des auteurs païens sur
notre âme ; voyons ce que d'autres en ont pensé,
avant de nous occuper de l'effet tout semblable des
sciences sur notre esprit.

II.

DEUXIÈME PARTIE.

La formation de l'homme est essentiellement théologique. Ce sont les Pères de l'Église qui ont fondé la conscience moderne. L'Église en a réparti et approprié le fruit à toutes les âmes, selon leurs mesures, et a produit ce groupe de nations, ou pour mieux dire, cette grande famille qu'on appelle l'Europe. L'erreur la plus extraordinaire, et en même temps la plus commune, c'est, lorsqu'on raisonne en philosophie, en politique ou en histoire, de partir de l'homme tel qu'il est aujourd'hui. On oublie l'abîme qui sépare l'homme moderne de l'homme formé par la

civilisation antique, et ce dernier de l'homme tombé
à l'état sauvage. Il nous reste des idées assez grossières, assez superficielles en politique et en histoire, pour ne pas voir que l'homme dont nous
raisonnons est aussi positivement créé sur le sau-
vageon que le poirier de nos jardins. De plus, on est
obligé de le dire, tout ce qui tient à la pédagogie est
ce qu'il y a de moins sérieusement instruit de nos
jours. On croit généralement chez l'homme à un
certain fond qui ne manque jamais, comme si toute
la nature humaine était donnée d'avance, et qu'il
n'y eût plus, hormis une légère direction à imprimer au cœur, qu'à répandre là-dessus des fleurs
de rhétorique. Aussi, que de gens s'offrent pour
l'emploi, et s'y livrent d'aventure! Il semble que
toutes nos petites idées philosophiques et littéraires
soient venues chercher abri sur ce point, l'enseignement de la jeunesse.

Le XVIIIe siècle croyait avoir des philosophes, il
n'avait que des littérateurs; nous nous croyons
hommes d'État, et nous sommes artistes. L'antiquité s'est affaissée, et nous allons puiser à sa séve!
elle est tombée en poussière dès que parut la lumière, et nous voulons qu'elle éclaire les cœurs!

Elle a disparu devant la foi, et notre goût la préfère à la foi ! — Que faire donc ? — l'étudier au lieu de l'admirer.

Les anciens sont dangereux dès que le Christianisme ne conserve plus sur eux la prépondérance absolue; dangereux par cette absence de métaphysique, ou de données rationnelles, qui ouvre la porte au Naturalisme ; dangereux, parce qu'ils sont entièrement morts sur le haut de la raison. Si la raison avait pu se former avant la Foi, la Foi aurait été inutile. Ce serait la preuve qu'il n'y aurait pas eu de chute chez l'homme. Comme les autres dons de l'âme, la raison, défigurée par l'idolâtrie, a disparu sous les passions. Idée charmante ! c'est sous ce voile, qu'on nomme gracieusement celui de la fable, que l'enfant doit aller la retrouver. Pourquoi porter le berceau de cette jeune intelligence sur un lieu d'où l'on sait que la lumière est bannie? Là, pendant le cours d'un long enseignement, chaque phrase, chaque pensée, chaque sentiment qui s'élève, toujours avec grâce, est dans l'ordre de la conception idolâtrique, c'est-à-dire, vient tapisser l'imagination et remplacer la raison. Cette faculté, devant laquelle s'interpose la nature, n'est plus secrètement sollicitée et exercée par les faits qui demandent en nous leur conception explicative ; l'horizon est aussitôt fermé devant elle, elle n'a plus qu'à clore les yeux. Il faut que toute la vie de l'âme revienne sur le bord des sens pour retrouver une lumière. Tel l'effet de ces écrits pour le fond et pour la forme. Je ne puis citer, il faudrait citer neuf volumes sur les dix qui contiendraient les textes classiques mis dans les mains de la jeunesse [1] !

Voici l'avantage à retirer de ces auteurs mis à leur place et donnés avec proportion. Les anciens avaient en quelque sorte un bon sens extérieur, portant la simplicité dans les choses ordinaires, mais qui leur a fait complétement défaut dans les choses supérieures. C'est-à-dire qu'ils ne possédaient pas la raison, qui est due à peu près tout entière au Christianisme. Cette sagesse, éclairée seulement par le côté humain, a-t-elle lancé un éclair pour percer le réseau chimérique dont leur paganisme enveloppait de plus en plus les âmes ? Leurs quelques philosophes, relevant au reste du filon traditionnel,

---

[1] Tacite et Sénèque sont des écrivains respectables, mais ce n'est point avec eux que débute l'esprit de l'enfant.

et qui durent passer pour des mystiques ou des rêveurs, ne purent jamais, sur un seul point de l'ordre supérieur, ébranler la puérilité générale. Leur morale, leur poésie, leurs arts, versent encore un breuvage fatal à l'homme, déjà chancelant, déjà incliné vers la nature. Seulement les anciens, pliés sous la fatalité, se pliaient généralement au bon sens qui leur était acquis, pour obtenir l'uniformité sans laquelle aucun écrivain n'aurait pu rayonner dans son très-petit cercle. Elle était sa part d'universalité. Pour obvier à la privation générale d'intelligence, il fallait pénétrer de plus en plus le sens contenu dans la langue, la seule chose qui fût universelle. De là l'uniformité, la mesure, qui caractérisent les écrivains anciens. Chez nous, le Christianisme a tellement accru la nature des âmes et développé les moindres individualités, celles dont l'antiquité n'aurait tiré que des esclaves, qu'il a produit dans les esprits la variété la plus grande. Ici, la moindre indépendance fait éclater l'originalité, et le moindre orgueil, l'excentricité. Une atmosphère intellectuelle s'est formée en dehors de la langue, l'esprit est indépendant, la voie ouverte en tous sens ; il de-

vient plus difficile de lui appliquer les règles paisi-
bles du goût. Les anciens nous apportent alors,
dans le moule de leur langue, une uniformité de
sentiments, une mesure, quelque chose de con-
venu et d'harmonieux qui nous est extrêmement
profitable [1]. Une pareille mesure, qui chez nous
serait sublime, puisqu'elle succèderait à la personnalité au lieu de la précéder, ne parviendrait
à régner sur notre goût que par l'obéissance, la
plus sublime aussi, dans la nature de nos esprits.
Le goût des anciens est donc pour nous une règle
toute prête et toute bonne ; et, au-devant de nos
hardiesses, un exemple incomparable de soumission à la langue, la seule vérité qu'ils possédassent
pleinement. Il est vrai que cette langue, de plus
haute tradition que la nôtre, donnait des résultats
supérieurs à ceux que nous obtiendrions de la
sorte, mais qui n'en restent pas moins, pour la
jeunesse, d'un prix inestimable. L'esprit, à cet
âge, n'est point assez étendu, le caractère assez

---

[1] De là cette croyance que le goût des anciens est supérieur à
tout ; ce qui n'est point, car le goût biblique est supérieur à celui
des anciens. Disons que celui des anciens est plus soumis à la
langue ; car la pensée traditionnelle s'est soumise la sienne.

mûri pour arriver à cette entente de l'âme, à cet
équilibre intérieur de tous les éléments qu'on appelle le goût. Celui des anciens, en tous les cas,
restera pour elle une pratique précieuse, une
admirable préparation. Mais cet avantage, qui du
reste se perd lorsqu'il est privé de l'inspiration
chrétienne, doit-il faire oublier l'ivresse dans laquelle la profusion de leur littérature peut jeter les
âmes? Sans doute des chrétiens d'une foi de che-
valier voudraient qu'on pût s'en passer; je crois
que ce serait tout à fait trop héroïque. Seulement,
le goût antique ne s'est pas incorporé au nôtre
comme on le pourrait croire; les proportions n'ont
pas été gardées. Dans la dose où nous l'avons
pris à la fin, il nuit à ce qu'il devait aider. Le
xviiiᵉ siècle, à qui l'on ouvrait cette mine, charmé
de voir sortir de là, avec le naturalisme, Mutius
Scœvola, Brutus et Cicero, y puisa suivant la cir-
constance. Quelques personnes font aujourd'hui,
de la prépondérance de ce goût pur, une question
nationale. Oui, mais pas dans la mesure où on
l'appelle à nous...

Je sais tous les avantages de la présence du
goût antique au milieu de l'imagination moderne,

Mais il faut trouver leur borne si, même nationa-
lement, on ne veut les trop payer. En transpor-
tant chez nous tout un ordre d'imagination et de
sentiments, nous y avons transporté tout un ordre
de mœurs qui, déposées près des nôtres, a constitué comme deux races d'esprits. Il faut s'habituer
en France, maintenant, j'ignore ce qu'il en est
ailleurs, à rencontrer partout, jusque dans sa
famille, deux natures distinctes d'âmes qui, en
religion, en poésie, en politique, en littérature,
en architecture, en mille choses, sentent d'une
manière tout à fait différente. Cette nation, si une
dans son territoire et sur ses champs de bataille,
n'offre plus l'homogénéité intime [1]! Juge-t-on à

---

[1] Un vieillard respectable m'écrivait dernièrement : « Tout en
admirant les bons et beaux génies de l'antiquité, je les trouve bien
secs; il y manque la suavité chrétienne et cet amour pur de l'humanité qu'inspire et sanctifie le Christianisme. Je pense aussi
qu'il eût mieux valu qu'on ne cultivât pas cette littérature; il y
aurait eu plus d'homogénéité dans les mœurs, dans le langage,
dans les travaux de l'esprit. Labruyère et Lafontaine regrettaient
les productions naïves antérieures au siècle de Louis XIV, plus
originales, plus énergiques dans leur simplicité que le style per-
fectionné qui les a suivies. Il y a trop d'enjolivures et de prétentions dans les écrits de nos beaux esprits. Aussi produisent-ils
peu d'effet dans les régions inférieures avec ce style de parade,
en même temps qu'ils fatiguent généralement les lecteurs dési-
reux de fixer leurs pensées. »

quel point ce fait vint nuire à tout ce qui se pro-
duira désormais chez nous ? N'est-ce pas comme
deux camps sur les hauteurs de l'esprit quand
déjà l'anarchie est dans la foule des idées ? Il n'est
peut-être pas une chose qui, belle aujourd'hui à
un point de vue, ne soit en même temps critiquée
à un autre. Le goût n'est sûr ni assuré nulle part.
Il faut dans un pays, pour appuyer tout, qu'il y ait
une opinion publique avérée, d'un seul jet ; que la
durée en soit garantie comme celle de la monnaie
d'or. Je doute que les Français voient désormais
de grandes choses, comme l'héroïsme des croi-
sades et de Jeanne d'Arc, comme leurs cathédrales
gothiques et les tragédies de Corneille. Il suffit
qu'une série d'esprits triomphe pour qu'une autre
série soit humiliée, sans que l'erreur soit complète
de part ni d'autre. Quand au sein d'une nation ne
règne plus la même manière de sentir, je ne sais
où se réfugient les sources de la nationalité.

Or, le remède est depuis longtemps dans nos
mains.

Les premiers livres lus par l'homme lui servent de principes, les autres ne lui servent que
d'instruction ; ceci est un fait certain. Et les hom-

mes aujourd'hui sont païens par l'esprit, s'il faut savoir enfin pourquoi la Foi a si peu de prise sur eux! Décidez donc : *s'il faut que les chefs-d'œuvre anciens viennent toujours se placer avant les chefs-d'œuvre chrétiens.* Nous devons recueillir le bon sens des anciens pour le fondre dans le nôtre ; non pour le mettre en position de l'étouffer. Plus humain d'origine, il nuit, dans la portée qu'on lui assigne, au sens supérieur de la raison et de la Foi. C'est ainsi que la raison, l'imagination, le goût, la nature préparée en nous, tout concourt aujourd'hui à donner l'homme que nous avons. Sans qu'aucun de ces éléments soit entièrement mauvais, leur accord produit maintenant notre Siècle. Ne dites pas : c'est la Révolution qui a produit ces hommes. Ce sont ces hommes qui ont produit la Révolution. Percez-la d'un coup d'épée, et vous la retrouverez toute vivante. Les choses qui arrivent avec cette force ne viennent ni de près, ni de peu. Ah ! qui n'a vu, dans cette constante admiration du xviiie siècle pour la sagesse antique, une protestation continuelle contre la nécessité de la révélation !

Le scepticisme et le panthéisme, comme tout ce qui a enlevé à la Foi, sous le nom de protestantisme, la moitié de son empire; comme tout ce qui a noyé dans le moi une partie de la raison moderne, en voulant l'exalter; comme tout ce qui a bouleversé les nationalités, en jetant deux esprits, deux Foi au sein du même État; comme tout ce qui nous a viciés en politique, en économique, dans les arts, et menace si douloureusement la Société moderne de la même catastrophe que la société antique; le scepticisme et le panthéisme, sont l'effet régulier de la Renaissance[1] qui, par la pente naturelle de l'esprit humain, a constamment tendu depuis trois siècles à faire reprendre à l'esprit du paganisme l'empire sur l'esprit du christianisme. Il faut donc resserrer ce torrent à son entrée dans notre civilisation, mais sans briser l'artère qui nous vient du passé; recevoir le bon sens antique, mais pour faire éclater au-dessus la raison ou le bon sens divin : point constamment

---

[1] La Renaissance vint trop à propos seconder Luther. La raison humaine, révoltée, fut trop fière de profiter de l'admiration générale pour montrer une pareille civilisation en dehors de la révélation. Dès lors Voltaire arriva comme un roi, fort de l'histoire et maître du passé.

oublié dans l'enseignement des Écoles. Or, rien
ne manquant fondamentalement de philosophie,
rien n'étant la contradiction des véritables données rationnelles et traditionnelles comme l'antiquité païenne (puisqu'elle n'est telle précisément
que parce qu'elle fut une rupture avec la tradition
primitive dans la connaissance du vrai Dieu), je
crois, avec d'autres plus grands que moi, que le
premier remède au mal est de sevrer suffisamment les générations nouvelles, au moment de
leur éclosion, d'une étude aussi absolue de cette
antiquité que celle suivie dans presque toutes les
universités de l'Europe. Et il faut les en sevrer,
quels que soient les reproches que d'honnêtes,
mais aveugles professeurs en ce point, continueront de débiter sur l'importance du goût. Le goût
dépend de la raison ; c'est un jugement porté au
moyen de l'idée impersonnelle du beau [1]. On ne

---

[1] Le goût attique, par exemple, est trop développé dans la race
française pour qu'on éprouve des craintes. Athènes et Rome ont
eu du goût; où l'ont-elles pris? Ne pouvons-nous le prendre à la
même source? L'ont-elles pris en elles? Raison de plus ; la nature
humaine existe encore, et je ne pense pas que, depuis, le christianisme l'ait amoindrie. Le goût biblique, ou oriental, est le plus
élevé, et le goût attique le plus châtié. Une âme chrétienne les
réunit tous deux. Bossuet et les Saints n'ont point eu d'égaux.

perdra pas le goût en conservant la Foi. Fénelon,
qui conduisit si loin la culture des lettres païennes
et des lettres sacrées, disait : « Il n'est pas nécessaire qu'un homme ait étudié solidement dans sa
jeunesse les lettres grecques et latines. Dans les
premiers siècles de l'Église, on s'en passait effectivement. Il est vrai que ceux qui avaient étudié
ces choses lorsqu'ils étaient dans le siècle, en
tirèrent de grands avantages pour la religion ; mais
on ne permettait pas à ceux qui les ignoraient de
les apprendre, lorsqu'ils étaient engagés dans
l'étude des saintes lettres. On était persuadé que
l'Écriture suffisait : vous voyez des constitutions
apostoliques qui exhortent les fidèles à ne lire
point les auteurs païens. Si vous voulez de l'histoire, de la morale, de l'éloquence, de la poésie,
vous trouverez tout dans les Écritures. On n'a pas
besoin de chercher ailleurs ce qui peut former le
goût pour l'éloquence même. Les Pères de l'Église
sont nos maîtres. Après l'Écriture, voilà les sources
pures [1].

Il ne faut point, recourant à une autre extrémité,

---

[1] Dialogue de Fénelon, archevêque de Cambray, *sur l'Elo-
quence.*

rejeter les littératures grecques et latines, mais, le
monde grec et latin. Il faut prendre ces dernières
pour ce qu'elles sont et dans la mesure de ce
qu'elles peuvent, comme l'ont toujours fait nos
vénérables évêques dans les séminaires et les maisons d'éducation qu'ils ont dirigées ; comme enfin
nous l'a exprimé dernièrement le saint Archevêque de Lyon : « Quand nous insistons sur l'em-
« ploi des auteurs païens dans toutes les classes,
« dit-il, à Dieu ne plaise que nous mettions en
« oubli les sages prescriptions du dernier Concile
« de Lyon ! Les auteurs chrétiens continueront
« à avoir la part que depuis longtemps nous leur
« avons faite dans l'enseignement. » Monseigneur
le cardinal Archevêque de Reims écrit expressé-
ment à M. l'abbé Gaume : « Je suis persuadé que
« l'usage presque exclusif des auteurs païens dans
« les établissements d'instruction secondaire ne
« peut, sous aucun rapport, contribuer à l'amé-
« lioration de l'ordre social. Il me semble même
« que rien n'est plus propre à favoriser les efforts
« de ceux qui, au nom du Progrès, travaillent à
« remplacer la civilisation chrétienne par la pré-
« tendue civilisation des Grecs et des Romains. »

L'illustre Évêque d'Orléans, rappelant les termes d'un ancien Mandement aux supérieurs et directeurs de ses séminaires, s'exprime parfaitement sur ce point : « Nous vous avons dit que l'emploi des auteurs anciens ne devait pas être exclusif, comme il ne l'a en effet jamais été dans les maisons d'éducation chrétienne ; qu'il fallait y joindre l'étude respectueuse des saints Livres, l'explication des grands auteurs chrétiens grecs et latins. Nous vous les avons indiqués pour toutes les classes : c'était l'Évangile selon saint Luc, les Actes des Apôtres, les Extraits bibliques, Lactance, saint Léon le Grand, saint Jean Chrysostome, saint Athanase, saint Jérôme, saint Cyprien, saint Grégoire, saint Basile... Nous insistions, avec Fénelon, pour qu'en rhétorique et en seconde, on s'appliquât à faire comprendre l'incomparable beauté des saintes Écritures, et nous indiquions les Psaumes et des morceaux choisis dans les Prophéties... Nous avons dit de plus, en ce qui concerne les auteurs profanes, qu'il fallait sagement les choisir, n'employer que des textes expurgés, les accompagner de toutes les explications convenables ; qu'il fallait enfin les enseigner chrétien-

nement... Nous avons même attaché tant d'importance à ce dernier point, que nous avons eu l'in-
tention de vous recommander, sur cette matière,
les savants traités de Thomassin, le célèbre discours de saint Basile, et les beaux passages de
Bossuet, que nous avons cru devoir citer..., etc. »

Étudions la langue grecque et la langue latine.
Nous devons, à l'exemple des grands Papes et des
saints Évêques, conserver cette brillante littérature, en user comme eux avec intelligence et à
propos. Mais qu'avons-nous besoin de traîner
toute l'antiquité après nous! Quand je dis toute,
je dis un fait. Si notre goût était assez élevé, nous
serions moins idolâtres de ce passé, devant lequel
on reste en extase aux yeux de la jeunesse. Cette
admiration ineffable de l'antique a pu sembler
bonne dans le point de vue du perfectionnement
spontané et indéfini de l'espèce humaine, débu-
tant par l'état sauvage au sortir de la série ani-
male. Un tel début serait sublime, chaque degré
légitime, chaque phase en accord complet avec le
but final. Mais s'il est vrai qu'il y a eu une Chute,
que le genre humain n'a cessé de tomber jusqu'au
moment où la Rédemption l'a relevé dans sa

marche, la rupture morale doit être faite entre
l'Antiquité, dont le principe est condamné, et les
temps nouveaux, armés de la sainte Loi. Soyons
conséquents. Le *vetus melius est*, si bien cité,
s'applique aux premiers temps de la Foi, mais ne
traverse pas, je pense, jusqu'à l'époque qui l'a
perdue. S'il existe chez les hommes une solidarité
non interrompue dont on doive accepter l'héritage,
ce ne saurait être évidemment que pour les faits
impersonnels, tenant de la tradition, comme la
transmission des langues, et, dans un ordre d'ac-
quisitions temporelles, l'art de la guerre, l'érudition, les arts mécaniques, les procédés. Mais demander à cette civilisation vaincue, qui, elle-même,
est morte empestée, le lait qui doit nourrir nos
nouvelles générations ; mais laisser entrer ce
monde tout entier après quelques mutilations,
comme si le mot déshonnête, ici, était la cause et
non l'effet, c'est aussi trop compter sur nos forces.
Quoi ! à l'âge où les impressions sont décisives, où
les exemples nous construisent notre propre nature, les Héros et les Sages de la Grèce, les vertus
de Sparte et de Rome ont le privilége de réveiller
le premier sentiment d'admiration de notre âme !

Au milieu de cette adoration universelle pour l'Antiquité, l'enfant, pour me servir de l'excellente
expression d'un Évêque, voit pâlir presque les
vertus chrétiennes. Le mal que la parole n'a pas
fait, la parole ne le peut détruire. Ce n'est plus
votre requête qu'il écoute, ce sont ses impressions
qu'il a entendues... De ce moment, l'effet de l'éducation est opéré : elle ne se compose que des
premières impressions et des premières admi-
rations [1].

***

L'ÉDUCATION est déjà loin quand pour recours il
ne reste que les paroles. Elles ne peuvent que réveiller les sentiments déjà formés. Les sentiments
et les principes viennent à l'enfant par les faits ; les
règles meurent au passage. Or, ses impressions,
voilà les faits qui lui sont propres, les faits qu'il
porte avec lui. Sait-on bien comment les principes

---

[1] Au collége, on n'écoutait point la lecture de la *Vie des
Saints*. L'exercice de la pénitence, dont la notion restait hors de
notre portée, nous semblait quelque chose de risible et de contre
nature. Pour les héros, c'était différent ; il s'agissait de se battre,
nous comprenions ! Certainement, aucun de nous, en traduisant
la vie d'Alexandre ou d'Épaminondas, ne rêvait pour soi le rôle
de saint Vincent de Paul.

se forment dans l'âme ? Par l'attention de l'enfant sur ce que les hommes estiment autour de
lui. L'enfant veut toujours être grand ; son esprit entre à mesure dans tout ce qu'il sent admiré.
Environné de gens qui n'auraient pas à enseigner
une syllabe, son éducation marche tout aussi vite.
Cette jeune âme suit avec feu les voies secrètes
que les exclamations paternelles tracent, sans le
savoir, dans le mystère de sa pensée. On peut dire
que les sentiments exprimés devant l'enfance sont
le terreau mis au pied de l'arbre qu'on plante, et
dans lequel toutes ses racines vont entrer. Honorez
au fond de vous-même le commerce ou les armes,
votre enfant deviendra commerçant ou soldat [1]. Il
était juste, au reste, qu'indépendamment des précieuses propriétés de la race, le parents vissent
leur âme reparaître chez leurs enfants. (Ce qui
vient avec la jeunesse fortifie l'impression première, loin de l'atténuer ; comme le sang, l'âme

---

[1] Que de pères ont dit : Eh bien, au fond, je ne suis point
fâché que mon fils choisisse cette profession...

Les gens de la campagne, pieux et très-respectueux pour la
religion, fournissent les huit-dixièmes du Clergé de France. Les
familles distinguées, où ce respect domine les autres mobiles,
fournissent le reste, parmi les plus éminents.

ne s'assimile d'abord que ce qui lui est sympathi-
que.) Dans les familles de héros, l'adolescence
parle aussitôt de la guerre; et, je ne dirai pas seulement les habitudes, mais les propensions d'âme
chez les parents déposent des vices dans leurs enfants. Les enfants portent sur la tête la couronne
des vertus de leurs pères, lorsque les pères, dans
l'éducation, ont préféré la vertu à leurs enfants.
Car ceux qui préfèrent leurs enfants à la vertu,
voient s'envenimer leur propre sang, et leur race
redescendre. Nos maîtres auraient parlé comme
Orphée, nous étions ce qu'étaient nos maîtres.

Il y avait dans nos colléges un livre d'un aspect
pauvre, de triste reliure, courant sur les tables
du réfectoire, et dont il n'était jamais question
hors des repas : c'était la *Vie des Saints*. On en-
trait quelquefois chez les maîtres ou ailleurs; les
yeux apercevaient-ils quelque beau volume aimé,
reçu par une bibliothèque, c'était un auteur ancien ou un chef-d'œuvre du théâtre. Sans même
songer à la comparaison, le regard se projetait de
là sur un monde où tout se retrouvait conforme.
Ah! combien c'est ignorer la délicatesse de perception de l'enfance! Je cite ici le moindre des

faits et un si faible exemple, qu'il offre matière à qui voudrait en plaisanter; mais on ne sait point ce que le seul aspect de ce livre a produit de fâcheux! La toilette, le simple pas du professeur partant libre, lui-même, le jour de nos sorties, ou nous accompagnant le dimanche à l'église, jetait en nous un enseignement profond. Qu'il sera difficile, avec des laïques, d'élever des chrétiens! Les livres, les classes, les idées, les maîtres, la vie, l'aspect même des murailles, tout se tient d'un bloc. Pour surcroît, à mesure qu'on arrive dans les classes supérieures, les œuvres de l'homme, sans cesse rehaussées au milieu d'une civilisation qui a précédé le Christianisme avec tant d'éclat apparent, ont pour effet direct de fonder, dans la jeunesse, l'orgueil natif de la raison, et de lui faire préférer, dès ce moment, cette sagesse humaine si admirée, si étonnante, à une révélation ultérieure qui lui demande la répression de la nature et la soumission de l'esprit. Certes, l'esprit rejette sans peine les divinités olympiennes, comme les philosophes anciens, qui les laissaient à la foule; mais, comme eux, ce qu'il maintient, c'est la facile conception du Na-

turalisme, qui subsiste éternellement au-dessous.
Quand vient le moment d'employer ses facultés,
le jeune homme les trouve ainsi toutes dirigées, et
il en suit le cours. Il faut qu'il existe des natures
singulièrement chrétiennes, ou singulièrement
prémunies d'ailleurs, pour échapper à une pareille
préparation !

Ce sont les hommes respectables qui ont connu
ces faits par expérience qu'il faut entendre sur
ce point. « Bien avant que nous eussions l'honneur d'être placé à la tête de ce diocèse, » s'écrie
le vénérable Évêque de Langres, s'adressant aux
directeurs de son séminaire, « des doutes sérieux
agitaient notre âme au sujet des auteurs païens
donnés pour unique objet d'étude à la jeunesse
chrétienne. Combien de fois nous avons gémi
d'être réduit à concentrer tout notre enseignement
littéraire dans les souvenirs idolâtriques d'Athènes
ou de Rome, à faire exclusivement admirer pour
la forme ce que nous étions pourtant obligé de
faire mépriser pour le fond [1]... Combien l'étude

---

[1] « Telles, continue le savant Évêque, étaient nos pensées à
une époque où, sous l'empire de préventions conçues dès notre
bas âge, nous ne pouvions pas encore apprécier les trésors litté-

exclusive des auteurs païens est dangereuse pour
la Foi! Les hommes vénérables et chrétiens qui,
pendant ces trois derniers siècles, ont présidé à
l'éducation publique, n'omettaient rien pour détruire les impressions fâcheuses produites par le
cours littéraire. Mais ces impressions, qui s'adres-
saient aux facultés les plus actives de l'esprit et
aux sentiments les plus vifs de l'âme, ne devaient-
elles pas l'emporter, chez un grand nombre de
jeunes gens, sur des enseignements toujours sérieux, qui demandent avant tout la soumission

raires de l'Église. Mais quand, nous élevant au-dessus de nos
propres convictions, nous avons examiné les écrits de nos Pères
dans la Foi, notre étonnement a changé d'objet. Nous nous sommes demandé comment il était arrivé qu'au sein même du
christianisme on eût délaissé, dédaigné, méconnu, et, du côté
de l'éducation, tout à fait oublié les nombreux et incontesta-
bles chefs-d'œuvre de la littérature chrétienne, pour n'étudier,
n'admirer et n'adorer que les œuvres littéraires du Paganisme...
Premièrement l'étude *exclusive* des auteurs païens est dangereuse
pour la Foi; secondement l'étude des auteurs chrétiens présente les plus grands avantages sous le rapport littéraire. L'ennemi du Seigneur s'est réjoui en voyant toutes les jeunes générations élevées dans l'habitude d'un dédain absolu pour le langage
des grands génies et des grands saints qui ont été les colonnes de
l'Église, et, à cet âge où les impressions sont si profondes, livrées
à l'admiration exclusive des œuvres littéraires conçues sous le
règne de toutes les erreurs. Cet ennemi sait mieux que nous encore combien, en fait de langage, la forme tient au fond. Pendant
près de trois cents ans, on a dit à la jeunesse étudiante, à celle

absolue de la raison et la répression constante des
penchants? Nous avons eu l'expérience personnelle de ce que peut produire l'admiration constante des modèles païens. Nous avons vu après
l'étude de tous ces livres, avec lesquels on voulait
former notre cœur, des jeunes gens jusque-là
calmes et purs, qui, réfléchissant sur cette sagesse tout humaine, et cependant si admirable
et si parfaite, sur ces vertus de l'homme inspirées
par la nature, et cependant si héroïques et si su-
blimes, se demandaient quel besoin, alors, l'hu-

qui devait gouverner la société : « Les bons modèles grecs et
latins sont exclusivement les auteurs païens d'Athènes et de
Rome. Quant à tous les écrivains de l'Église, leur goût est al-
téré. » Voilà ce qu'on a dit, ce qu'on a fait pratiquer à cet âge
où il est rigoureusement vrai que les habitudes deviennent une
seconde nature. Qu'est-il arrivé? c'est que toute cette jeunesse
s'est passionnée pour les productions du paganisme, et que, de
l'admiration des paroles, elle est arrivée à celle des pensées et
des actions. N'est-ce pas alors que l'on s'est incliné devant les
sept sages de la Grèce presque autant que devant les quatre Évan-
gélistes ; extasié sur les pensées d'un Marc-Aurèle, de manière à
laisser croire qu'il n'y avait rien de plus profond dans les Livres
saints... Croit-on que de pareils enseignements, devenus una-
nimes et continuels, ne doivent pas à la longue faire baisser le
sentiment de la foi, et surexciter démesurément l'orgueil de la
raison? Serait-ce une témérité de dire qu'en mettant partout
en relief les œuvres de l'homme, au préjudice de la Révélation,
on préparait les voies au règne de ce rationalisme effronté qui en
est venu publiquement à n'adorer que lui-même? etc., etc. »

manité pouvait avoir de la Révélation chrétienne,
de la grâce surnaturelle, de la venue si étonnante
du Fils de Dieu [1]? etc., etc. »

L'incrédulité, la révolution, le panthéisme,
l'affaiblissement de la raison : aujourd'hui les conséquences frappent nos yeux. Mais celui dont
l'âme s'est donnée à la jeunesse, depuis plus d'un
siècle a su les voir ! Le P. Grou, de la Compagnie
de Jésus, le P. Possevin, le P. Thomassin, et,
sans parler de Bossuet, Fénelon et Malebranche
ont annoncé le danger. « Notre éducation *est*
toute païenne, dit le premier. On ne fait lire aux
enfants dans les colléges que des poëtes, des orateurs et des historiens profanes. Je ne sais quel
mélange confus se forme dans leurs têtes des vérités du christianisme et des absurdités de la Fable,
de la morale de l'Évangile et de la morale toute
sensuelle des païens... Je ne doute pas que la
lecture des anciens n'ait contribué à former ce
grand nombre d'incrédules qui ont paru depuis la
Renaissance des lettres... Ce goût du paganisme
contracté dans l'éducation se répand dans la

1. Lettre de Monseigneur Parisis, évêque de Langres, à *MM. les
Supérieurs et Professeurs de son petit Séminaire.*

société. Nous ne sommes point idolâtres, mais nous ne sommes chrétiens qu'à l'extérieur; et dans le fond nous sommes de vrais païens et par l'esprit et par le cœur. » « Quelle est la cause, dit le second, qui précipite les hommes dans le sensualisme, l'injustice et l'athéisme? C'est que dès l'enfance, dans les Écoles, pépinières des États, on leur fait lire et étudier tout, excepté les auteurs chrétiens. L'enseignement de la religion s'y mêle à l'enseignement du paganisme, véritable peste de l'âme. A quoi peut servir, je le demande à des hommes judicieux, de verser un verre de bon vin dans un tonneau de vinaigre? Que signifie un jour de catéchisme par semaine avec l'enseignement quotidien des impiétés païennes? Voilà pourtant ce que l'on fait aujourd'hui d'un bout de l'Europe à l'autre. » « Le système païen d'éducation, écrivait il n'y a que peu de temps encore Donoso Cortès, nous a conduits à l'abîme où nous sommes; nous n'en sortirons certainement que par la restauration du système chrétien. » Tels sont les faits, et telles sont les causes qui les produisent; j'ai cherché à montrer comment.

Enfin, n'est-ce pas un dernier jeu du malheur que ce programme de sciences physiques venant faire suite à la culture donnée par les auteurs païens? Mais que faites-vous? sous les regards de l'enfant, on anime tout à coup la nature de ses forces chimiques, minéralogiques et physiques, de ses merveilles d'électricité, d'optique et d'affinité, sans répandre sur tant de prestiges cette lueur de théologie qui ranimerait proportionnellement, au sein de notre belle nature, la présence discrète et bénie de son Dieu; sans faire circuler par toute la création la vie et la splendeur de la très-divine et très-sainte Cause première! Les phénomènes s'accumulent, l'esprit disparaît et la matière reste. Perdu dans les merveilles visibles, comment l'enfant, qui a peine à vous suivre, vous dépasserait-il pour enchaîner tant de lois, et les lier par leur but à la suprême et vivante Loi? Comment fera-t-il mieux qu'un si grand nombre de savants qui, apprenant quelque nouvelle loi astronomique ou géologique, se sont arrêtés derrière pour expliquer le monde sans l'intervention conservatrice? Comment fera-t-il mieux que ses propres maîtres, souvent déistes assez indifférents pour qu'on les entende raffoler de leurs sciences et non du Dieu qui les a faites? Les savants conversent-ils ordinairement comme les Saints, ou comme Keppler et Newton? En ceci on jugerait de la science. Si elle enfle, si elle devient dangereuse, c'est à cause de cette fragilité de la raison. L'homme s'arrête à ce qui brille, il se complaît dans ces mille causes secondes si attrayantes, et, de là, porte rarement son esprit plus haut. Les sciences morales n'ont point cet inconvénient sur l'esprit; leurs fondements et leurs lois en appellent constamment à l'autorité et à la sanction de Dieu [1].

Le simple bon sens avertit de la destination différente de nos deux sortes de sciences. Les sciences physiques ont pour objet la nature, ou le corps; au lieu que l'homme lui-même est l'objet

[1] La médecine a de tout temps partagé cet honneur, parce que de tout temps elle fut l'étude de l'homme. Depuis qu'on a voulu en faire exclusivement l'étude des organes, elle a vu les matérialistes se multiplier dans son sein respectable, la physiologie s'affaiblir, et la doctrine étouffer sous l'anatomie. La médecine peut le dire aujourd'hui; elle a plus reçu, elle s'est élevée plus haut par les sciences morales que par toutes les sciences physiques. Hippocrate et Galien, Harvey, Boërrhaave et Haller ne sont-ils pas encore ses colonnes d'Hercule? « Si la médecine,

des sciences morales. Comme le corps et les besoins de la nature doivent être subordonnés à l'âme et aux besoins moraux, de même les sciences physiques doivent être subordonnées aux sciences morales, au point de vue de leur importance comme au point de vue de leur utilité ; et recevoir leur direction, loin de les supplanter. Comme, lorsque les besoins et leurs penchants l'emportent dans l'homme sur les lois de l'âme, il y a abaissement de sa nature et danger pour la vie ; de même, lorsque les sciences physiques et leur influence l'emportent dans la Société sur les sciences morales, il y a décadence, et péril pour la civilisation. Pourquoi donc ôter les premières de leur place, et les mettre en quelque sorte dans l'âme ? Déjà, devant l'apothéose de ce monde nouveau, dont l'esprit, dit-on, se lasse à

s'écriait naguère notre illustre compatriote, M. le docteur Bonnet, dépendait exclusivement des sciences physiques, elle aurait suivi les phases de ces sciences ; elle aurait été presque nulle dans l'antiquité, et elle aurait brillé depuis un siècle d'un éclat remarquable. Loin de là, comme les lettres, comme la poésie, elle trouve chez les Grecs un organe tellement pur que, si toutes les œuvres médicales devaient périr, à l'exception d'une seule, c'est encore celle qu'ils nous ont transmise qu'il faudrait sauver du naufrage. »

prédire les merveilles, l'homme, si fragile et si
prompt à l'orgueil, a pu croire qu'affranchi et
maître de la nature, il allait échapper aux exigen-
ces de la Foi, et que ses brillantes sociétés pour-
raient croître sans Dieu. Déjà, sous de beaux
noms, sous cette prétendue gloire du génie
humain, il a cherché un prétexte éclatant pour
éviter sa conscience et échapper à ses devoirs.
Apportant leurs pièces justificatives aux Saintes
Écritures, ses sciences physiques devaient doubler dans les âmes l'éclat du nom de Dieu. Et,
cependant, qu'est devenue la Foi pour ceux qui,
au siècle dernier, les proclamèrent; et pour ceux
qui veulent, en celui-ci, leur donner à transformer nos antiques sociétés? Les sciences morales
ont fondé la civilisation moderne. Si, par malheur,
les sciences physiques étaient venues, au Moyen-
âge, leur ravir la suprématie, l'empire de l'Europe appartiendrait aujourd'hui aux Musulmans[1].

---

[1] Les Musulmans ont été nos maîtres dans les sciences mathématiques et mécaniques. C'est d'eux que nous tenons les chiffres
arabes, ce merveilleux alphabet des nombres, ainsi que l'algèbre
élémentaire; le Calife Haroum-al-Raschid envoyait à Charlemagne, entre autres merveilles, un horloge à eau. Que leur
reste-t-il aujourd'hui?

Qu'elles cessent de prétendre à la mission de diriger la Société humaine, quand elles doivent la servir; qu'elles se rappellent que le grand, l'immortel empire de l'homme est sur son âme et non sur la nature.

———

Vous traitez de l'importance de l'enseignement des sciences; c'est juste, il faut aussitôt la mesurer. Observez les institutions qu'elles soutiennent dans la Société, et les facultés spéciales qu'elles exercent dans l'homme. Les sciences, certes, ont un rôle dans le monde, un rôle brillant, plein de grandeur! Oui, celui de l'industrie au sein de la Société. Telle est, vous le voyez, leur place. Décidez donc celle qui leur est due au sein de l'homme... Mais le principe est trop clair pour arrêter les gens qui vont les yeux fermés. Est-ce bien de son vrai point de départ que s'inquiète la discussion? On l'a lancée à toutes voiles, les uns pour *flatter l'opinion*, car telle est en toute occasion la bravoure de notre littérature; quelques autres pour la braver si l'intérêt absolument l'exige, aucun pour répondre au principe qui doit ici la diriger. Quelle lumière en est jusqu'à présent sortie ? Les sciences voudraient se défaire des lettres, les lettres refouler si c'est possible les sciences, et les plus généreux voudraient tout embrasser !!

L'éducation doit s'attacher au développement de toutes les facultés de l'homme. Assurément ; mais suivant l'ordre de leur importance. Les philosophes ne voudraient pas qu'on fît l'éducation du corps aux dépens de celle de l'esprit ; voudrons-nous qu'on fasse l'éducation de l'esprit aux dépens de celle de la raison ou du cœur ? N'inventons pas. Que notre système d'éducation soit le système même que Dieu a mis dans notre âme ! L'homme n'existe pas d'aujourd'hui, des empires et des civilisations sont fondés ; l'ont-ils été sur des principes, ou sur des points de science ? Mais telle est la furie française, et l'oubli du point de départ, que déjà nous sommes au danger de passer de l'engouement d'une éducation toute littéraire à celui d'une éducation toute scientifique ! La première, toute puisée chez les anciens, nous a comblés d'assemblées parlementaires et de beaucoup de littérature, la seconde de savants qui déjà, en l'occasion, ont montré la plus belle ignorance des hommes et de la Société. Si, pour les uns, les hommes se meuvent au son de l'éloquence, se faisant libres et égaux par des constitutions ; pour les autres, ce sont des chiffres que des lois mécaniques viennent grouper en un mode harmonieux. De la petite littérature est née la race des sophistes, et de la science toute brute, une race de musulmans. Théologie, Lettres, Sciences, telle était chez nos pères la hiérarchie des trois éléments de toute éducation. Mais l'expérience de onze siècles peut-elle tenir devant les procédés du nôtre ! — Les sciences se sont accrues ? — Donnez-les toutes, vous ferez bien, à ceux qui embrassent des arts industriels ; mais pour ceux qui, embrassant les arts libéraux, sont en définitive appelés à éclairer et à administrer un pays, hors de la Théologie, ou d'une haute philosophie, pas de salut.

Personne ne peut nier la vaste utilité des sciences physiques. Mais cette utilité, relative, ébranle-t-elle l'importance absolue des sciences morales ? Leur attribue-t-elle la mission de former l'homme ?

Viennent-elles l'éclairer sur sa véritable origine ?
sur sa loi ? sur son but éternel ? Ou, même, viennent-elles développer en lui ces facultés que j'ose
appeler divines, les seules utiles au fond, par lesquelles il entre en relation avec Dieu, avec lui-
même et avec la Société, pour ses fins absolues ?
Nous ne devons point exclure ces sciences, mais
il faut ne les laisser passer qu'escortées de la théologie. Elles seront toujours pour l'homme une
source d'instruction et de profit, mais non ce qu'on
appelle un principe d'éducation. Envisagées en
elles-mêmes, ou envisagées pédagogiquement,
c'est-à-dire dans leur action sur les facultés de la
jeunesse, elles offrent absolument le même danger.
Deux observations suffisent.

L'histoire, la tragédie, l'épopée, les chants et
les dogmes sacrés, les Lettres enfin, s'adressent
aux plus délicates et aux plus hautes facultés de
l'homme ; elles ne peuvent être cultivées que par
une perfection même de l'âme. Pour s'élever à
une plus grande perception du beau, à un plus
noble sentiment du cœur, il faut s'avancer dans la
conscience, il faut développer son âme même.
C'est sur l'âme que porte toute l'éducation litté-

raire ; par les points qu'elles atteignent, les lettres deviennent comme une sœur de la religion. C'est sur l'esprit, presque uniquement, que porte l'enseignement scientifique. Pour parcourir les sciences, il ne faut que répéter l'usage de la même faculté d'induction ou de déduction, d'abstraction ou de généralisation, et, sans s'émouvoir ni aimer, poursuivre à l'infini le sentier du raisonnement. Lorsque l'admiration s'y joint, elle s'adresse à une substance aveugle, qui n'offre aucun exemple à l'esprit, ne dicte à la conscience aucun devoir, et, au cœur, aucun héroïsme ni aucun amour. De là, le cœur s'y éteint dans la froideur du Déisme. S'il ne tire d'autre part ses qualités, l'homme peut traverser toutes les sciences pourvu qu'il soit patient, ingénieux et mathématicien. Ces trois caractères n'eussent constitué ni Corneille, ni Bossuet. La voix de l'héroïsme et de la poésie, l'élan de la vertu et de l'enthousiasme sont plus propres à faire un homme que les logarithmes et la gravitation. Les hommes de génie et tous ceux qui ont illustré la science prirent impulsion dans une éducation littéraire. D'où provient encore le plus grand nombre de prêtres, de guerriers et de magistrats, ces trois colonnes de la société? La science développe, il est vrai, une force de patience, mais l'art en exige autant; et, si cette force ne provient de la beauté du caractère, s'alliant à l'orgueil dans un esprit brut et étroit, elle est toujours à redouter. Les Lettres, en définitive, sont la culture même de l'âme, et les Sciences, de l'intelligence seulement; les unes font l'être moral, les autres le savant. C'est la première observation.

En second lieu, les sciences ne s'occupent que des causes secondes; la raison ne s'occupe que de la cause première. Ou du moins, la raison s'occupe des causes secondes dans le lien qu'elles ont entre elles par rapport à la cause première. De là résulte la condamnation immédiate de tout système d'éducation qui prend les sciences pour base par exclusion de la théologie; système nécessairement irrationnel et destructeur de la raison. Or tout ce qui détruit la raison produit des athées; et, comme il faut un but au monde, conditu psychologiquement et logiquement au panthéisme, c'est-à-dire à substituer l'humanité à Dieu. Spectacle qui devrait forcer l'esprit à tourner les yeux vers le Créateur, aucun objet dans la nature ne

contient la cause première de son existence, tout
se rattache à lui par sa limite, par son néant. C'est
pourquoi, ainsi qu'on en a fait la remarque, les
sciences n'expliquent que les phénomènes; la
cause absolue leur échappe toujours. « Tant que
l'intelligence interroge, la nature répond par des
causes secondes; mais lorsque l'âme se joint à
l'intelligence, la science s'évanouit, la cause absolue se dévoile, et Dieu paraît. » Si donc l'intelligence seule est mise en action, si la raison n'est
point appelée par des études supérieures, dans
quelles ténèbres est conduit l'homme qui croit
marcher vers la lumière?

Rentrons donc dans l'expérience; sachons qu'en
général, l'homme tombe plus volontiers qu'il ne
s'élève; qu'il se prendra toujours aux choses qui
charment son esprit et sa vanité. Il faut des efforts
pour s'élever, il faut emporter sa conscience avec
soi et la tenir au degré de la lumière qu'on reçoit
d'en-Haut. Or, l'homme veut bien faire courir
devant son esprit, mais non s'obliger à le suivre.
La science, elle, n'engage à rien; au lieu que là
voie de la perfection est rude : frapper vers Dieu,
il faut entrer ! On préfère redescendre dans la na-

ture et s'y loger. La nature ne demande ni la plus intime reconnaissance du cœur, ni la sainte adoration, ni le sacrifice des penchants. De là le panthéisme pénètre aisément en nous. Telle est la pente de l'esprit, celle du grand nombre des hommes ; pourquoi y exposer des enfants ?

Il faut le dire clairement et distinctement : *la science est dangereuse*, surtout si elle n'est proportionnellement animée d'un vif sentiment religieux ; si, même, elle n'est tout à fait dépassée dans l'âme par ce sentiment. Faites-en la base de tout apprentissage, une des variétés de l'enseignement, mais non un système d'Éducation. Le matérialisme est né chez nous avec les sciences physiques et ne prend pied que sur elles. Si, jusqu'à présent, le Clergé n'a reçu qu'avec froideur la science, c'est qu'il connaît le cœur humain ; il sait de quel côté lui viennent les Saints[1]! Dans ses maisons d'éducation, il n'a jamais cherché à l'introduire que lorsqu'il trouvait des hommes d'un esprit supérieur, capables de la pénétrer d'une flamme religieuse si puissante qu'elle vînt d'elle-

---

[1] Et où se pourvoit, au besoin, le *Dictionnaire des Athées.*

même se fondre dans l'or brillant de la Foi. Un jour sans doute, semblables aux Juifs, les savants laisseront des monuments avec lesquels la sainte Église érigera un temple rempli de merveilles ; car pour le moment ils crucifient le vrai Dieu.

Enfin, qu'on lise ! mathématiques, physique, chimie; mécanique, ses divisions; fluides, électricité, magnétisme, lumière; acoustique; chimie organique, ses applications ; météorologie, minéralogie, géologie; astronomie, cosmographie; géographie physique, hydrographique, politique, climatologique ; histoire naturelle ; géométrie et plans ; dessins, statistique, etc. On retient l'exclamation que l'ironie ferait naître ; mais, en bonne foi, croit-on que ce soit la quantité qui remplisse l'esprit ? A quelle pâte a-t-on réduit pour la jeunesse ce que les plus vastes génies n'ont pu suffisamment contenir ? Vous ne voulez qu'une *teinture* de chaque chose ? Précisément ; vous ne voulez de chaque chose que ce que l'intelligence en peut saisir, mais rien de ce qui n'est découvert et conçu

que par la raison. Comment cette faculté aurait-
elle le loisir de traverser si promptement d'une
science à une autre, lorsque la vie des plus
grands hommes s'est arrêtée dans le chemin?
Que de peine on s'est toujours donné pour gâter
l'esprit de cette belle race française, la première
de l'Europe par le bon sens et la beauté de l'inspiration, aussi bien que par la franchise et la
noblesse du caractère !

Je crains qu'un tel emploi de ces sciences ne con-
duise en cinquante ans à l'extinction de la pensée.
Plus préoccupés du savoir que du caractère de
l'homme, nos programmes sont allés en multi-
pliant les matières et ont fait perdre le savoir. De
ces études multipliées, nous voyons sortir chaque
année une jeunesse ignorante, surtout faible de
bon sens. Il vaut mieux réduire le nombre des
matières pour en augmenter l'étendue. En général
il ne faut pas multiplier, mais approfondir ; la pensée ne croît jamais par la surface. La première
condition pour tirer parti d'une intelligence est
l'unité. Dans la multiplicité, on a trouvé le dernier
art d'abêtir les enfants. Et, qu'on se garde de
ce que ces temps-ci ont appelé les méthodes fa-

ciles ! Il n'y a pas de méthodes faciles pour élever l'homme. L'homme est un ressort vivant ; sa pensée, comme sa volonté, ne prend ses forces que tendue. La sévérité de l'éducation est, dans une famille, l'impulsion avec laquelle elle s'élance dans l'avenir. Celle où l'éducation se ramollit, en deux générations verra sa fin. Dans le peuple, chez le paysan, les enfants sont généralement gâtés. Suivez l'homme sur le globe ; les plus rudes climats, les plus pénibles travaux ont été les conditions de gloire et de longévité des nations.

Par leur effet sur nous, ce sont les sciences physiques qui ramèneront l'homme à la barbarie. Déjà, elles ont enlevé le mouvement économique à l'agriculture pour le donner à l'industrie, et créer en cinquante ans ces populations sans capital, en quelque sorte sans famille et sans postérité, réduites bientôt au niveau de l'esclave, et qui font aujourd'hui la honte et le danger des sociétés modernes. Sous le nom d'aspirations des esprits, leur engouement et leur empire nous ont menés à la Révolution française comme aux désordres de Février. Donnez-les en éducation à l'enfance afin qu'on sache jusqu'où s'étendra le prodige ! L'his-

toire montre les États qui se sont élevés par la
morale ; où sont ceux qui ont été conservés par la
physique ? Ils n'ont vécu jusqu'à ce jour que dans
a tête de Fourier.

Au lieu d'un programme fait pour écarteler
l'esprit , d'un programme qui ne laisse place dans
l'homme qu'à l'intelligence , et dans l'intelligence
qu'à la mémoire , pourquoi ne pas retirer d'abord
la masse des opérations que les élèves ne peuvent
suivre avec des mathématiques suffisantes , et
ranger ensuite nos belles découvertes sous ce titre
très-simple : *De la divine Providence, et des preuves
de son existence tirées du plan de l'univers.* Là
viendraient les preuves physiques , chimiques ,
physiologiques , géographiques , géologiques et
astronomiques , se coordonnant avec sobriété dans
une nouvelle classification toute pédagogique , qui
rendrait à ces sciences un aspect intelligent et plus
conforme au rôle brillant qu'elles doivent jouer.
Serait-ce une insulte à la Nature , au lieu de faire
ce qu'on appelle de la science , de suivre , dans la
Création , les merveilles qui nous racontent la
gloire et l'incomparable existence de Dieu : *Deus
scientiarum ?* N'est-ce pas ainsi que l'entendait le

grand anatomiste qui s'écriait, en prenant le scal-
pel : Je chante un hymne au Créateur? N'est-ce
pas de la sorte, seulement, que Pascal a désiré
voir les lois physiques de l'univers *nous offrir
l'expression de la Puissance infinie?* Pourquoi
toujours étendre le pauvre esprit de l'homme, si
sa raison et son cœur viennent s'y engloutir? Il ne
s'agit pas, dans son éducation, de la quantité de
sciences ou de lettres, mais d'affaiblir son pesant
orgueil pour laisser naître la raison et croître les
sentiments élevés. Il faut alors développer les facultés de l'enfant selon l'ordre d'importance où
Dieu les a placées : la raison, en premier lieu,
pour qu'elle puisse recevoir la foi, s'ouvrir à la
morale, aux axiomes et au bon sens; l'intelligence,
en second lieu, pour que ses diverses facultés
puissent desservir la raison.

Or, la raison se développe, avant tout, par la
Religion; ensuite par la métaphysique, les belles
actions, les axiomes, la haute histoire, les sciences
morales en général, enfin par tout ce qui cultive
ses trois éléments impersonnels, qui sont le bien,
le beau, le vrai, en un mot le divin. — L'intelli-

gence se développe avant tout par les langues,
ensuite par l'étude des êtres, des rapports, de la
logique, de quelques mathématiques, en un mot
par ce qui exerce ses facultés personnelles, qui
sont l'attention, la mémoire, l'imagination, l'induction et la déduction, l'abstraction, la comparaison et la généralisation, tout ce qu'appelle
l'étude du fini.

Bien que la raison emprunte aussi aux éléments
qui développent plus particulièrement l'intelligence, et l'intelligence aux éléments qui développent plus particulièrement la raison, il y a manière,
quand on le veut, de se réduire ou de s'étendre sur
ces points différents. Enfin, bien que la raison soit la
faculté la plus utile à l'intelligence, puisqu'elle lui
fournit les principes et la lumière de l'infini, et
l'intelligence la faculté la plus utile à la raison,
puisqu'elle en déduit les conséquences et les applique au fini; qu'en un mot ces deux facultés, faites
l'une pour l'autre, ne doivent point se séparer,
on peut partir de cette démarcation pour entrer
dans un plan d'éducation où, contrairement à la
fâcheuse impulsion de l'époque, le développement

de l'intelligence restera subordonné au développement de la raison. D'ici on voit la place à donner
à la théologie dans tout enseignement, et celle
assignée aux sciences...

Depuis que ces pages ont été imprimées pour la
première fois, l'écrit de M. le comte de Maistre sur
le *Principe générateur des constitutions politiques*
m'est retombé entre les mains. Le lecteur ne sera
pas moins frappé que moi des lignes que je viens
d'y lire : « Que penser d'une génération qui a tout
« mis en l'air en rendant l'éducation purement
« scientifique ! Il était impossible de se tromper
« d'une manière plus terrible. Ce système d'édu-
« cation ne versera que des poisons dans l'État.
« On a demandé : Pourquoi une école de théolo-
« gie dans toutes les Universités ? La réponse est
« aisée : C'est afin que les Universités subsistent
« et que l'enseignement ne se corrompe pas. Pri-
« mitivement, elles ne furent que des écoles théo-
« logiques où les autres *facultés* vinrent se réunir
« comme des sujettes autour d'une reine. L'édifice
« de l'instruction publique, posé sur cette base,
« avait duré jusqu'à nos jours. Ceux qui l'ont ren-
« versé chez eux s'en repentiront longtemps

« inutilement. Déjà l'influence des Universités
« modernes sur les mœurs et l'esprit national
« dans une partie considérable de l'Europe, est
« parfaitement connue. Enfin , pour ne pas sortir
« des généralités , si l'on n'en vient pas aux an-
« cienne maximes, si l'éducation n'est pas rendue
« aux prêtres , et si la science n'est pas mise par-
« tout à la seconde place , les maux qui nous
« attendent sont incalculables : nous serons abru-
« tis par la science , et c'est le dernier degré de
« l'abrutissement. »

On saisit maintenant toute la question. Si l'on a
suivi attentivement la marche qui précède , on va
en juger d'un trait l'ensemble et le résultat.

Comme on le voit , les modernes établirent le
règne exclusif des auteurs païens dans les Universités de l'Europe sans la moindre méfiance contre
le Paganisme. Sont-ce des hommes d'un grand
esprit qui regardèrent comme impuissante sur les
âmes une conception qui a régi toute l'Antiquité ?
Et sont-ce des hommes d'un grand discernement

qui appellent aujourd'hui nos sciences physiques pour les joindre à une pareille étude et la mieux compléter ? Jugez :

Le catéchisme dit en commençant : Dieu est un Esprit éternel , infini , tout-puissant, qui voit tout, qui a fait toutes choses de rien. Immédiatement , la pensée païenne en apporte la meilleure néga-tion. Le paganisme n'est que l'absence d'un Esprit souverain , conséquemment d'une unité créatrice au sein des choses : il est la substitution des forces partielles de la nature aux lois de l'Infini. Dès lors, les sciences physiques viennent s'emboîter par-faitement avec le paganisme ; c'est le règne des causes secondes remplaçant les divinités, lesquelles n'étaient que des abstractions, ou causes secondes réalisées. Ici le naturalisme s'achève , il donne sa démonstration rationnelle. Enfin le Panthéisme, dominant et élevant le tout à la conception d'ensem-ble, lui apporte l'unité désirée, en plaçant au som-met notre souveraine Raison. Ici la pensée arrive à son faîte ! on a franchi les timidités de l'athéisme ; assuré par le travail du passé, le panthéisme en-fin substitue l'homme à Dieu [1]. Paganisme, natu-

[1] Depuis trois siècles on n'a pas perdu de temps.

ralisme, panthéisme s'appellent à travers le temps,
et se suivent comme les trois termes d'une même
logique. Le premier met le vide au sein des choses ;
le second y amène l'homme ; le troisième lui remet
le sceptre éternel...

Eh bien! par une incroyable combinaison, tous
trois viennent d'entrer chronologiquement dans la
pensée du jeune homme : auteurs païens d'abord,
sciences physiques après, philosophie allemande
ensuite! Que l'Europe le sache enfin, voilà les
trois éléments dont on compose l'éducation, conséquemment l'état moral, l'état politique et religieux de l'époque. L'on s'étonne que le panthéisme
ait couvert tout à coup le monde et qu'il menace
de l'inonder? Du fond même de l'Antiquité nous
arrivait le fleuve! Saura-t-on, maintenant, le
surprendre à sa source, l'arrêter dans ses affluents?
Leibnitz disait : « J'ai toujours pensé que l'on ré-
formerait le genre humain si l'on réformait l'éducation de la jeunesse. » Ce grand homme pourrait
dire ce que cette éducation nous prépare aujourd'hui...

Tout se trouve organisé pour assurer au panthéisme la plus large base possible. Telle est la

constitution de nos Universités. Elles ont été bien critiquées sous le rapport de la morale, de l'irréligion extérieure, de tout ce qui déjà tombait sous les yeux. Cependant elles renfermaient, et à leur insu, une constitution métaphysique d'un effet autrement redoutable. Le poison pris allait faire tomber successivement, à quelques années de là, les esprits les plus fermes et les plus réguliers. Toute la génération nouvelle, en fuyant, emporte le levain. Ne nous le dissimulons plus, nos Universités, enlevées l'une après l'autre au Clergé, sont filles de l'esprit moderne, c'est-à-dire du Protestantisme, c'est-à-dire de la révolte universelle de l'intelligence humaine. Hors des sanctuaires, cet esprit, plus ou moins reconnu, est partout. Le Protestantisme ne se déclara en Europe sur de telles proportions que parce qu'il était dans les esprits. C'est l'état philosophique des âmes; il est où on ne le croit pas, comme la flamme dans le bois avant qu'on l'ait embrasé. Partout où nous avons tenu à nous séparer de la Religion, dans la politique, dans le droit civil, dans le mariage, dans l'éducation, dans l'État, quels que soient les moyens qu'on emploiera, nous

travaillons avec ardeur à notre ruine. Un jour,
avertis qar de nouveaux malheurs, nous vou-
drons revenir en arrière, comme en ce moment
pour l'autorité politique ; le temps sera passé.
L'erreur aura détruit jusqu'au levier, jusqu'à son
point d'appui ; une partie de la raison humaine
aura disparu. La soumission de l'esprit humain à
la Foi avait créé le monde moderne, sa révolte
universelle en sera l'anéantissement. Et il ne
s'agira pas, comme dans la chute de l'empire
romain, de la fin d'une civilisation...

Le Panthéisme, qui est le dernier pas théorique
de l'orgueil, sera le dernier pas de la civilisation
humaine.

Ah ! qu'il est temps de prendre des mesures !
Ne croyez pas fonder un programme pour l'éducation de la jeunesse au milieu d'une assemblée
d'hommes instruits. La pensée génératrice est
absente ; chacun viendra mettre du sien, aggraver
l'anarchie et conduire à la nullité. Une œuvre de
cette importance, digne d'un fondateur de peuple,
issue en elle-même de l'expérience des siècles et
supérieure à la politique d'une époque, demande-
rait une réunion d'abord de très-saints hommes,

ensuite de profonds moralistes, enfin de grands métaphysiciens, tous en petit nombre. Ne croyez point qu'une main débile repoussera l'erreur de trois siècles condensée sur nous! Il ne faut pas nous persuader qu'on puisse refaire l'œuvre fondée par Charlemagne et construite par l'expérience accumulée de tant de siècles. Il faudrait, pour la pratique en ce moment, se confier tout simplement à ceux qui, par caractère, en ont conservé la Foi, la piété et la sagesse, si l'on ne peut en appeler à la réunion dont je parle[1]. Notre siècle veut-il balayer tous les autres pour mettre ses produits scientifiques à la place? Est-il donc si rassuré sur son génie, en présence des faits? Les Universités du Moyen-âge introduisaient les auteurs païens au milieu du règne éblouissant des Pères de l'Église et des lumières souveraines de la théologie. Vous avez voulu créer les Colléges, scindant le Système d'éducation, pour laisser aux séminaires la partie divine et nous réserver la

---

[1] Observons ce qu'ont toujours pratiqué chez eux nos Évêques. — Le séminaire est pour faire des prêtres! — Oui, mais on veut bien faire des chrétiens avec les autres? Que l'enseignement n'ait pas la même étendue, il aura bien la même base.

partie profane, toujours pensant faire mieux que
l'Église. Peu à peu les grandes familles, en France,
ont été ébranlées par le scepticisme et la frivolité ;
jusqu'à ce qu'on vît tous les hommes de la Révolution sortir en masse de cette éducation romaine.
Ceux qui la donnent ne manquent jamais de dire
qu'ils n'oublient point l'enseignement religieux.
L'aveu ne saurait arriver plus complet : c'est
l'instruction qui est religieuse, c'est l'éducation
qui est païenne... Vous en avez le résultat.

Il ne faut rien brusquer, rien détruire, il faut
rétablir ce qui a disparu ; ne rien bannir, mais
réunir ce qu'on a divisé. Ceux qui introduisirent
les classiques dans l'enseignement avaient leur
but ; mais, certes, ignoraient qu'un jour on exclu-
rait entièrement les Pères ! De même, sait-on ce
qu'on ferait, si l'on ôtait complétement l'antiquité
de nos études ? Pour le prêtre même, il y a dans
le paganisme un suc humain qu'il doit en retirer.
Peut-être, faut-il qu'un certain contraste reste
en lui entre l'ordre naturel primitif et l'ordre surnaturel ; peut-être qu'il traverse le beau pour
mieux entrer dans le sublime ; peut-être que
l'homme reste avec sa racine propre, puisque la

Grâce se fonde sans cesse en nous sur les ruines de notre nature propre[1]. Mais ce qu'il ne faut pas, c'est que la nature prenne dans les diverses facultés de notre esprit une place qui la rende inattaquable; que le paganisme fasse éducation, au lieu de faire enseignement ; qu'enfin on laisse s'écrouler tout ce que le christianisme a élevé de raison dans notre âme, en remettant l'homme dans les conditions de l'Antiquité.

La raison, vous le savez, est l'organe le plus important de la Foi. La Foi entre et s'assied dans le cœur, mais c'est par la raison, comme la lumière pénètre par nos yeux. C'est par la raison que la Foi est reçue, c'est la capacité de la raison qui fait l'étendue de la Foi. L'intelligence peut seule s'opposer à la Foi, en se faisant une manie d'abstraire, de déduire et de juger ce qui est absolu, ce dont tout est déduit et qui nous juge. Le doute naît de la prépondérance de l'intelligence sur la raison. Déjà nos jeunes mathématiciens et la plupart des savants esprits ne comprennent plus Bossuet. Cette

---

[1] « La grâce ne détruit pas la nature, dit saint Thomas, mais « elle l'a présuppose et la conduit dans sa perfection. » *Sum. I*, quæst. 1, art. 8, ad. 2. S. Thomas parle de la nature humaine en général; ici nous parlons de la nature propre, ou du moi.

perpétuelle rotation de l'intelligence, paralysant l'exercice paisible de la raison, affaiblira de plus en plus la religion en nous, et conduira les peuples à l'idolâtrie des derniers temps, au panthéisme final.

Toute ma plainte est dans ces mots : je crois que notre système d'éducation entretient psychologiquement l'esprit du xviiie siècle[1]. Si un doute vous reste, voyez ceux qui mettront toutes leurs forces à le défendre. Règle sûre et fidèle, pour savoir si une chose est nuisible, examinez si elle obtient l'approbation des hommes étrangers à la Foi, ou si elle eut celle du siècle dernier. Ne vous payez plus de mots ; c'est ainsi qu'on arrive jusqu'à la veille des irréparables malheurs. Le propre d'une époque en décadence fut toujours de montrer la majorité de ses esprits d'élite, aveuglés et en paix sur ses plus grands dangers.

---

[1] Cette éducation, par son fond de septicisme, a gâté plus avant l'aristocratie de France que ne l'ont pu faire les cours de Louis XIV et de Louis XV. C'est la corruption qui sème ; mais quand elle trouve le terrain défoncé par le scepticisme, elle étend des racines qui ne périssent plus.

On se fait une dernière illusion : c'est l'idée, comme si elle était possible et comme si elle était suffisante, de changer les professeurs, plutôt que de toucher au programme ! L'habitude est une grande force ; les bons esprits sont les plus attachés aux circonstances d'où ils croient qu'ont dépendu leurs idées [1]. Comme ici reparaît la preuve vivante du pouvoir que peuvent exercer ces auteurs ! « Les anciens, dit-on, ne sont point à craindre avec des professeurs chrétiens (sans professeurs chrétiens, ils sont donc à craindre ? Or, c'est là notre cas) ; et au point de vue moral, ils sont inoffensifs, si on les suppose *soigneusement expurgés*. » Quels aveux ! Il s'agit d'éducation, et l'on ne peut prononcer le nom des *auteurs païens*, sans les accompagner de l'expression la plus perçante qu'on ait trouvée dans la langue. Qu'est-ce que c'est qu'*expurgés ?* Tout le venin est donc rentré dans quelques mots ? Et la doctrine qui est sous les phrases ? la doctrine qui inspire tant d'éloquence et d'enthousiasme, la conception explicative de cet ancien monde d'idées, de tout cet

---

[1] C'est ainsi que toujours on conserve, pour les personnes qu'on vit dans son enfance, un inexprimable attachement.

ordre de mœurs, seront-elles expurgées? Le paganisme sera-t-il expurgé? le naturalisme? le panthéisme? la raison souveraine?... Rien ne respire
sous les mots? Effectivement, il n'en est pas un,
si l'on prend le dictionnaire, qui n'y brille en toute
innocence. Dans mille ans, si les Protestants sont
morts, nos écoles futures emprunteront leurs
chefs-d'œuvre, Shakespeare, Goëthe, Byron,
Strauss, Hégel, soigneusement expurgés! Mais si
nous expurgeons, c'est bien dans la doctrine? Fai-
sons-la donc pâlir tout à fait, en l'approchant de
la vive lumière et du génie chrétien[1]. Conserver
le programme! Au contraire, ôtons rapidement
cette grosse assise du xviiie siècle. Le libéralisme
officiel vient d'être renversé, l'Église respire et
triomphe un instant. Quand les jours du combat
reviendront, le fait au moins sera acquis. « Les

---

[1] On n'expurge point une doctrine; surtout par l'extraction de
quelques mots. Quand le poison a disparu de la pensée, on peut
ôter celui qui reste dans les mots. Remarquons-le, c'est après
avoir nommé les *Sciences Sacrées*, c'est après avoir dit que les
jeunes clercs seront formés « en étudiant, soit les ouvrages si
« excellents des Pères de l'Église, soit les écrits des écrivains
« païens les plus célèbres » que, dans son Encyclique du 21 mars
dernier, notre Très-Saint Père ajoute : « après qu'ils auront été
« soigneusement expurgés. »

anciens ne sont point à *craindre* avec des professeurs chrétiens... » Ah! n'ayons que des professeurs chrétiens, c'est le vœu le plus cher. Mais
comment les rendre chrétiens? Ce sont moins,
ajoute-t-on, les matières et le système d'enseignement qu'il faut réformer, que les professeurs.
Certainement, changeons les hommes : il faudrait
n'avoir que des chrétiens pour enseigner à des
chrétiens. Mais pouvez-vous changer les hommes
en un jour? Les avez-vous sous votre main comme
vous avez le programme? Enfin suffirait-il de les
changer? On s'est soulevé d'indigation contre les
hommes; qu'on se soulève donc un peu contre les
choses! D'où sortent les hommes? qui les a faits?
quels auteurs sont dans leurs mains? Réfléchit-on
à l'influence sur l'esprit d'une étude unique, inva-
riable, du même ordre d'idées? Où pénètre-t-on,
sinon dans l'esprit de ce qu'on médite sans cesse?
Eh! c'est précisément sur les professeurs, que je
juge, moi, de l'effet d'une pareille étude, puisque ce
sont eux qui en prennent à longs traits, et en tout
esprit, le breuvage. Or, vous venez de les juger...

L'expérience est là, les hommes se forment
dans ce qu'ils étudient. L'anatomiste part de

l'anatomie, pour se faire matérialiste ; d'où parti-
rait le professeur pour devenir sceptique et fata-
liste à la manière des anciens ? — C'est le siècle.

— Et le siècle, qui l'a fait ? il sort évidemment de
quelque part. Si ce n'est pas l'éducation qui fait
les hommes, il est inutile d'en parler ; et si ceux
qui sont chargés d'enseigner les autres sont les
premiers infectés, encore bien plus inutile. Les
hommes sont fils de leurs études, il en fut toujours ainsi. Ceux qui s'écrient : changez les hommes, non le programme, croient, par ce trait
d'esprit, se délivrer de la question. Certainement,
changez-les, et d'abord en changeant le plan que
vous mettez dans leurs mains. Maintenir dans son
ensemble, et jusque dans ses détails, tout le système d'enseignement dont l'Université s'est servie jusqu'ici ? Pour les séminaires cela se peut.
Mettez les simples églogues de Virgile dans les
mains d'un saint, et donnez-lui votre enfant ;
vissiez-vous toutes les Écritures et l'Imitation dans
celles d'un sceptique, vous le lui retirerez ! Toujours, néanmoins, je commencerai par ouvrir une
bibliothèque chrétienne à tout instituteur auquel
je devrai confier mes enfants. Maintenir les textes,

changer les professeurs : comme cela est praticable, logique surtout! Comme s'il ne fallait pas modifier l'objet de l'enseignement pour en modifier l'effet? comme si la première leçon n'était pas donnée au maître par le texte qu'il a mission d'enseigner? comme si, sous ce prétexte, on laisserait enseigner le Schisme grec, par exemple, aux très-aimés et très-dignes Frères des écoles chrétiennes? Puisque les textes et la doctrine font si peu, que ce sont les hommes qui font tout, comment est-il arrivé que des mains des trois Ordres religieux qui tenaient autrefois nos maisons d'éducation en France, sont sortis premièrement Voltaire avec son siècle, et peu de temps après, tous les hommes qui ont fait la Révolution? — Mais l'hérésie? mais l'erreur? — Pourquoi se répandirent-elles alors tout à coup dans la généralité des esprits? Il faut bien arriver à une première cause, et en retrouver une en permanence. L'erreur n'a donc point de digue? l'éducation n'est donc pas une formation des âmes, comme la religion, qu'il ne faut plus compter sur elle? Comme vous voyez, la question apportée par l'expérience reparaît : Pourquoi le XVIIIᵉ siècle, pourquoi les

hommes de la Révolution sortaient-ils indistinc-
tement de nos colléges religieux? Soyez-en sûrs,
il y a quelque chose là.

Il faut conserver le grec et le latin, parce que
ce sont les deux langues qui ont recueilli pour
nous les antiques et précieuses dépouilles de la
langue primitive et traditionnelle ; d'autant plus
que nos idiomes d'Occident ont perdu ce caractère
impersonnel et en quelque sorte ontologique qui
est le sceau de l'origine des deux premières. Et il
faut conserver les auteurs grecs et latins, parce
que ce sont eux qui contiennent ce double ruis-
seau de langues avec sa fraîcheur primitive, sa
verve, sa naïveté que je dirai divine comme celle
de la nature. Mais il ne faut pas leur laisser constituer le corps de notre enseignement, et comme
l'horizon intellectuel et poétique de la jeunesse.
L'enfant voit mieux que nous ce que nous admi-
rons. Il ne peut pas savoir que l'orgueil est l'unique
support du stoïcisme antique ; il ne peut deviner
que la moindre vertu chrétienne cache plus d'héroïsme certain que la plus éclatante action du moi.
Cette admiration, que la simplicité commence, est
achevée par les penchants de l'esprit ; qui veut

l'éclat, qui craint le sacrifice et l'oubli. D'une imagination païenne, on ne construira pas aisément
un esprit chrétien. Si la société était religieuse ;
que, comme autrefois, une atmosphère chrétienne
reçût et enveloppât l'âme au sortir de ce bain antique, ce serait différent ; encore l'expérience en
fut peu favorable. A notre époque, et dans la
situation, je crois fermement qu'il faut faire ce
qu'on ne ferait pas dans toute autre époque : régler
l'étude des auteurs païens, ramener celle des
Pères, transformer les sciences, ou ne pas s'en
servir. Et comme ce dernier parti serait puéril, il
faut que chacune apprenne à dire : *Ecce ancilla
Domini !*

Malheureusement, sur ce point, sont abrités
et nourris tous les lieux communs de France.
Combien de beaux esprits, retournant dans leurs
doigts la seule arme qu'ils aient, diront avec une
finesse infinie : *C'est Homère, c'est Platon qu'on
accuse de la décadence en Europe !...* Mais qu'il
serait à désirer qu'ils connussent Homère et Platon ; surtout, qu'ils en fissent part à leurs élèves !
Quel malheureux étudia jamais Homère et Platon

et ne se sentit de goût que pour rentrer au paganisme? Et pourquoi ces deux grands hommes conservent-ils l'affection unanime? Parce qu'Homère est comme un héros, et Platon, dans les hautes idées, comme une aurore lointaine du christianisme. Passons donc du crépuscule au jour.

Je sais aussi ce qui fait illusion et explique la bonne foi de ceux qui pensent le contraire. Ils disent que les auteurs païens produisent *quelques idées fausses* très-aisées à détruire, pour peu que l'éducation chrétienne soit unie à cet enseignement. Les choses se passent effectivement ainsi pour les séminaires [1]. Mais c'est qu'il ne s'agit pas de *quelques idées fausses;* cette étude produit en nous des sentiments. Elle produit une impression si décisive qu'on la retrouve dans tout le cours de la vie, et elle fausse la raison, naturellement inclinée au naturalisme, ainsi qu'on le voit pour les peuples qui ont vécu en dehors de la Révélation, comme aujourd'hui, pour le monde savant. Il arrive,

---

[1] Bien qu'une part de la jeunesse élevée dans diverses maisons religieuses soit reprise par l'esprit païen, dès son entrée dans la vie. Il est vrai qu'on ne peut toujours déterminer sur chaque élève si cela tient à la faiblesse de l'éducation ou à la faiblesse de sa nature. Mais l'éducation consiste à la fortifier.

en un mot, qu'au sein des universités c'est l'éducation qui se trouve païenne et l'enseignement seul qui est chrétien. On répètera que les générations nouvelles sont corrompues par les auteurs modernes beaucoup plus que par les anciens. Mais si elles ne l'étaient par les anciens, elles ne le seraient point ainsi par les modernes. Où serait l'effet de l'éducation? Nous ne lisons avec transport ces derniers que parce que nous sommes nés des premiers, qu'ils complètent dans notre pensée, auxquels ils apportent la formule métaphysique définitive au point de vue humain. Un fait caractérisera à jamais cette sorte d'éducation, et prouve qu'elle ne songe plus qu'à la forme, c'est qu'oubliant les grandes sources de l'éloquence, elle se donna pour couronnement la rhétorique : pour dernier trait de perfection, on apprend à l'esprit à faire le beau! Il ne vint pas à la pensée que le principe de la rhétorique est tout entier dans l'âme; qu'en conduisant l'homme à sa perfection, on lui donne celle de l'écrivain. Aussi n'a-t-on produit que l'homme de lettres. D'une nation catholique, agricole et guerrière, on fera un peuple d'industriels et de baladins.

Mais, comme l'ont fort bien remarqué des hommes qui ont vu les choses de près : en remplaçant une partie des textes païens par le texte des Pères, il ne s'agit pas uniquement de nourrir de christianisme les jeunes générations, mais aussi de leur enseigner le latin ; c'est-à-dire, de les introduire dans une langue deux fois étrangère, par les mots et par la pensée. M. le Vicaire-Général de Nevers, le premier, après NN. SS. de Salinis, Parisis et Dupanloup, qui ait eu l'honneur, de nos jours, de soulever cette thèse, offre les faits suivants à nos réflexions. De l'avis unanime, les lettres grecques et latines meurent en France et dans toute l'Europe. C'est un fait que signalent les plus savants professeurs des Universités. (Viennent ici des chiffres désolants.) Qui a réduit les lettres anciennes à cet état? s'écrie M. Gaume ; à coup sûr ce ne sont pas les auteurs chrétiens, puisque, depuis trois siècles, ils ont perdu dans notre enseignement la place qu'ils y occupaient. Cependant l'étude des classiques grecs et latins peut-elle être plus assidue, plus générale, plus complète, plus ardente, plus exclusive qu'elle l'a été depuis la Renaissance ? Enfin n'est-elle pas la porte obligée de toute carrière parmi nous ? Ni les moyens , ni les motifs d'apprendre n'ont donc manqué. Eh bien ! je suis profondément convaincu que dans cette étude, comme dans le reste , nous sommes punis par où nous avons péché. Dans l'art, dans la philosophie, dans la politique, nous avons, autant que nous l'avons pu , banni l'élément chrétien ; vous savez ce qu'il en est résulté. Nous avons tenu la même conduite dans l'étude des langues anciennes. Il faudra faire pour la régénération de la littérature ce qu'on a fait pour la régénération de l'art : *introduire l'élément littéraire chrétien dans notre enseignement.* En toute étude , le bon sens veut qu'on procède du facile au difficile, du connu à l'inconnu. Nous suivons la marche inverse. Au lieu de commencer par le latin chrétien , le plus facile , le plus attrayant , nous commençons par le latin païen , qui est une langue elliptique, transpositive. Dans cette langue, nous choisissons la partie la plus difficile, c'est-à-dire la langue savante , celle de l'éloquence et de la poésie. Il faut commencer par la langue de la conversation. Les familles qui veulent que leurs enfants sachent l'anglais et l'allemand mieux qu'on ne l'apprend au Collège, placent auprès d'eux

des domestiques anglais et allemands. De là ces
jeunes gens passent aux auteurs, et sont les seuls
en France qui entendent et parlent ces deux langues vivantes. Il faut suivre, au fond, pour le latin
cette méthode si bien justifiée, en donnant aux
enfants les classiques chrétiens, incontestable-
ment plus faciles, plus accessibles, plus conformes
au génie de notre langue maternelle. La langue
latine chrétienne n'est pas plus barbare que l'art
chrétien. M. Gaume voudrait qu'on écartât les
auteurs païens jusqu'à la quatrième. Alors, maître
de langues qui auraient pour lui une réalité et
une vie, l'enfant serait préparé à étudier et à
comprendre Tacite, Virgile et Homère [1]. »

C'est effectivement une singulière idée de vouloir qu'un enfant commence l'étude d'une langue
par ses lois, au lieu de la commencer par les faits,
c'est-à-dire par un texte qu'il peut aisément s'ap-
proprier. C'est une idée singulière de le faire
débuter par les abstractions les plus rebutantes
et qui concernent des points qu'il n'a ni sentis,
ni vus. Le rudiment d'abord ! c'est avec une telle

---

[1] *La question des classiques,* M. l'abbé Gaume, Vic. gén. de
Nevers. *Passim.*

lumière qu'il doit aller à la découverte d'une
langue inconnue ; un hiéroglyphe pour expliquer
d'autres mystères ! Sur des milliers d'écoliers,
combien huit années passées à entrer à rebours
dans la langue latine, font-elles de latinistes?
L'enfant apprend-il sa langue maternelle en em-
ployant les mots à mesure que le besoin les appelle, ou en épelant un rudiment? C'est quand
la matière d'une langue existe, par la possession
des mots, c'est quand sa vie a passé dans l'esprit,
par la liaison de ces mots au besoin de la pensée,
qu'on peut la soumettre à ses lois. Cette langue,
transparente pour nous, des premiers Pères ; ces
textes latins qui nous parlent en quelque sorte
français, nous mettraient, d'abord, en possession
d'une langue, que nous aurions, ensuite, tout le
loisir de travailler avec art. Et, si l'on devait s'en
tenir là, au moins serait-ce un travail de bon sens
et d'excellente discipline pour l'esprit, sans parler
des vérités de premier ordre que l'âme se serait
appropriées. Peut-être y retrouverions-nous l'art
précieux de tirer chaque phrase de la pensée ; peut-
être la littérature y perdrait-elle cette malheureuse
faculté de courir sur le vide, si dangereuse en

France aujourd'hui ! Mais qui se chargera de con-
vaincre ceux qui, dans l'enseignement, n'ont en vue
que la rhétorique ? Comme l'art des langues et l'art
d'écrire, c'est-à-dire de s'en servir, est le même,
l'élève ainsi conduit par le bon sens aura fait sa
rhétorique avant que d'y entrer. Les études, autrefois, s'arrêtaient aux humanités. La rhétorique
est la branche nouvelle qu'on s'est mis à cultiver
lorsqu'on a vu que périssait l'arbre entier. Aussi,
parlait-on dernièrement de la doubler ?

La philosophie ou la théologie, et non la rhétorique, doivent être seules considérées comme
le complément des études, même des études littéraires. La rhétorique est bien légère dans les
mains des littérateurs ; des grands auteurs, on a
passé aux plus petits. Il faut étudier les langues,
parce qu'elles contiennent la pensée, et non terminer cette étude par de la littérature. Cette bévue
est notre juste punition. La littérature ne soutient
pas une langue ; les langues sont formées par la
pensée et vivent sur elle. Ce sont les littératures,
le plus souvent, qui les détruisent. Pascal en un

jour apprend mieux à écrire que Cicéron pendant
six mois. Cet orateur, par exemple, avec sa longue
phrase faufilée de *quem ad modum*, nous conduit
bien maladroitement dans la langue française où
la concision, preuve du vrai nettement saisi, est la
première qualité. Cicéron est un grand homme,
mais il nous donne beaucoup d'orateurs. Ses
œuvres philosophiques, bien que les meilleures,
sont toujours écartées en faveur des discours,
d'où sort encore le côté commun de l'éloquence
du barreau. On devrait lui préférer presque tous
les auteurs latins, d'abord Virgile, dont le vers
apprend à donner à la langue les douceurs et les
propriétés de la nature ; puis César, qui rend son
style en quelque sorte comme l'action, et Tacite,
comme la pensée. Ce sont déjà trois points à pratiquer. Bien qu'il y ait des auteurs presque aussi
remarquables, c'est ici qu'il faut une mesure
pour éviter de compléter l'idée païenne. A sup-
poser qu'une main savamment chrétienne dispense
en tout les matières, encore faut-il laisser leur
place aux chefs-d'œuvre chrétiens. Des études
bien conduites dans la latinité, en écartant ce qui
est inutile ou nuisible, conduiraient mieux au

résultat, et laisseraient du temps à cette langue grecque, toute pleine de saveur et de force dans Homère, dans ce chantre immortel du cœur humain. La chercher à travers la variété des auteurs, c'est la perdre. Pour revenir à notre sujet, les grands penseurs sont les grands écrivains d'une langue; la rhétorique doit se faire avec eux. Au lieu de terminer par des bouquets de mots, ne craignez point ce moment où les langues perdent en quelque sorte leur visibilité extérieure pour ne laisser voir que la pensée, dans Pascal, Leibnitz, la métaphysique et les élévations de Bossuet. Vous serez certains d'avoir atteint le sommet de la langue, de l'avoir fixée aux bases mêmes de la raison. Tout tournera aux petits auteurs, si, en partant, vous la laissez au doigt de l'imagination. Défendez-vous sur tous les points; la frivolité, le sophisme, seront toujours nos ennemis.

L'idée d'ôter la philosophie du programme est loin d'être heureuse. Dans ce fouillis de science et d'idées, elle seule ramenait une espèce d'unité. Elle montrait la pensée humaine, source et objet de toutes ces sciences; et, au delà, dans la sphère infinie, l'objet et le but éternel de la pensée humaine. L'anarchie redescendra dans les esprits, et, par suite, un septicisme et un marasme irremédiables. Il faut que la science qui représente la raison reste au sommet des études, comme cette faculté, au sommet de l'esprit; il faut une clef de voûte, ou tout retombe dans les décombres. De ce que la Foi est affaiblie (par l'état des facultés de notre âme), faut-il encore diminuer la raison? Ne serait-ce pas saigner le malade parce que les organes sont appauvris, et recourir au dernier équilibre d'un organisme sur sa fin? Quand la raison sera défaillante, comment la Foi se tiendra-t-elle dans l'esprit? A quelle hauteur est-elle donc arrivée en Asie? La raison se forme par la Foi. Mais la Foi répand son feuillage sur ses racines; lorsqu'on lui enlève la raison, elle est comme l'arbre auquel on a dérobé le sol formé à ses pieds.

On avait à se plaindre de la philosophie; au lieu d'enseigner la mauvaise, il faut enseigner la bonne. Vous la remplacez par la logique; or c'est cette Logique, ce point de départ pris dans l'homme, qui nous a amené la philosophie qu'on repousse!

Dans saint Augustin, saint Anselme et saint Thomas, dans Malebranche, s'il le faut, on trouverait supérieurement exposées, et au moins résolues, toutes les idées qu'on a mises en avant de nos jours. Les modernes n'ont fait qu'ajouter des détails psychologiques intéressants, qu'il est aisé d'y joindre ; et leurs grands problèmes à résoudre ne sont que les difficultés qu'ils se sont créées par leur point de vue, fermé dans le moi[1]. A chaque ordre d'idées antérieurement fondé, les modernes ont indiqué la faculté correspondante. Ils l'ont fait,

---

[1] Que pour résoudre leurs problèmes, ces philosophes cherchent le passage du fini à l'Infini pendant mille ans, si cela leur est agréable ! Pour nous, nous savons que Dieu a créé le monde, l'Infini le fini, que le passage est tout fait, et même très-bien fait.

Au reste, ces philosophes ne sont pas tout ce que l'on a voulu dire. En arrivant, ils trouvèrent la pensée française à Locke et à Condillac ; ils l'ont fait passablement remonter, puisque le Christianisme aujourd'hui n'a qu'à tendre la main pour la prendre. Ceux qui en ces temps-là firent mieux, leur jetteront la première pierre ! Ici, comme ailleurs, je vois des intelligences victimes de notre éducation enfermée dans le Naturalisme, et, comme toutes les nôtres, vaincues et soumises par l'époque. Nés deux cents ans plus tôt, plusieurs de ces esprits eussent été vraisemblablement des anneaux dans la chaîne supérieure de nos théologiens. Qui a renversé Locke et Condillac ? qui a étouffé Condorcet, Helvetius et Cabanis, c'est-à-dire toutes les poussées philosophiques du xviiie siècle ?

Toujours blâmer ; travaillons à mieux faire.

il est vrai, comme pour donner à entendre que tout germait de l'âme, que la Révélation restait sans objet. Mais, au lieu de la spontanéité, le matérialisme avait si longtemps mis en nous l'inertie, que cette réaction même n'a pas été sans fruit. Maintenant que tout est sous la main, qu'y a-t-il de plus simple à montrer qu'en l'absence totale de la révélation, il n'y a plus que des sauvages, c'est-à-dire plus de psychologie? Nous n'en sommes point au xviiie siècle, où l'on allait chercher très-loin de l'ignorance. Les sciences sont rétablies : linguistique, ethnographie, histoire, géologie même; il ne s'agit que de vouloir. Confiez seulement la philosophie à de jeunes ecclésiastiques, ils sauront bien la retrouver[1]. Est-il si difficile d'amener le traditionalisme sur le point où le rationalisme s'arrête? Le rationalisme est faux

---

[1] Avons-nous peur de la philosophie des Pères? je le répète, la psychologie moderne, qui d'avance avait été complétée par la découverte de M. le comte de Maistre et de M. le vicomte de Bonald sur le langage, est la plus magnifique démonstration qu'on en ait jamais eue.

Comme les autres sciences, partie un jour contre la Foi, la psychologie lui remet tous ses trésors à son retour. Mais faisons le rebours des hommes de 1830, qui ôtèrent aux ecclésiastiques les chaires de philosophie.

dans ce qu'il exclut, plutôt que dans ce qu'il ad-
met. Vers les hauteurs de l'esprit, je ne vois plus
quelle erreur peut tenir maintenant. Sur les limites des sens, voilà l'activité, ou le moi; sur les
limites du moi, la raison; sur les limites de la raison, la Révélation. C'est-à-dire que jamais, jusqu'ici, la philosophie, au fond, n'avait été aussi
complétement achevée. Idéalisme, rationalisme,
traditionalisme, pour traverser du matérialisme
à la Foi, les trois arches du pont sont faites. Le
suprême de la philosophie, comme de la vérité,
est d'illuminer même l'erreur.

Pour former la raison et pour diriger l'âme,
il importe de donner, de préférence aux notions
physiques, les grandes notions métaphysiques.
Dira-t-on que, lorsque viennent les études scientifiques des trois dernières années, l'éducation est
faite? A quel âge se fait l'éducation? A cet égard
voici encore une remarque. Il y a deux moments
décisifs pour la vie morale, ou si l'on veut deux
éducations : l'une, au premier âge, c'est celle des
impressions; l'autre, à l'âge où se forme la raison, c'est celle des idées. Là sont tous les mobiles de l'homme. Or cette dernière peut opérer une

telle révolution que souvent elle entraîne la première dans son mouvement, bien que les traces de celles-ci soient ineffaçables. Il faut saisir ce moment de l'éducation des idées, pour illuminer aussitôt la pensée des grands éléments de la métaphysique et du dogme. Si on laisse l'imagination prendre en cet instant la place de la raison, on perd l'origine de la pensée, et il n'y a rien de fait chez l'homme. Je conseille, en métaphysique, de s'occuper un peu moins des notions d'étendue, d'espace et de temps, pour s'occuper davantage des notions rationnelles et de l'Infini lui-même. Les rapports qui existent entre la matière et l'Infini, d'où découlent les lois du monde physique, importent moins, surtout pour l'éducation, que les rapports qui existent entre l'Infini et la raison, d'où découlent les lois du monde moral, et cet horizon des grandes pensées dans lequel il faut laisser l'âme au moment où se clôt l'éducation. Ou la théologie ou la philosophie !

Oserai-je maintenant le dire, et prendre ici
ma conclusion : dans les conseils que vient de
nous adresser, sur ce point, la bouche immortelle
et infaillible de S. Pierre, les trois points qui res-
sortent sont « Les ouvrages si excellents des *Saints*
« *Pères;* les écrivains *païens les plus célèbres ;*
« mais encore, et surtout, la science parfaite et
« solide des *doctrines théologiques*, puisée dans
« les auteurs approuvés par le Saint-Siége. »

———

Enfin, même dans l'intérêt littéraire, pour le
choix des Pères grecs et latins, ce ne sont pas les
plus littéraires que je préfèrerais. On croit toujours
que les plus beaux morceaux sont ceux où la rhétorique domine; il faudrait, dans les hautes classes, choisir ceux où la pensée s'expose avec le plus
de profondeur et de clarté. C'est là qu'habite l'é-
loquence. Il faudrait surtout donner les passages
qui renferment les grandes vérités; ouvrir où il
faut les Écritures, saint-Paul, saint Anselme,
saint Athanase, etc.; il n'y a pas de rhétorique
plus forte. Il faut placer la tête de l'enfant dans

les choses élevées [1]. Comme c'est à la raison qu'il
importe de laisser dans l'esprit une prépondérance
qui assure l'élan et la solidité des autres facultés, les
deux hommes que j'appellerais à notre aide avant
tout, sont saint Augustin et l'auteur de la *Somme*:
l'un tout de génie, et l'autre tout de raison! Oui,
puisez dans cette *Somme*, qui semble plus belle
que la logique elle-même, car c'est la logique en
action au sein des plus grandes vérités de la terre.
De pareils textes conduiraient au dernier et suprême exercice de la pensée, but de la version,
but de la longue étude des langues. Rendez chrétienne l'imagination ; c'est elle qui imprime sa nature aux facultés de la jeunesse. Cueillez du regard
le beau fruit de l'antiquité, mais nourrissez-vous
du Christianisme. Il faut que les âmes aient juste
le temps de traverser le beau antique pour arriver
dans le sublime chrétien. Que de discernement,
que de sagesse à apporter aujourd'hui dans cette
révision du programme des études! Il ne s'agit de
rien moins que de la conservation de la raison hu-

[1] Le dernier programme a fait appel à l'*Histoire sainte*,
quelques textes de Fénelon et de Bossuet. Mais, que de préjugés,
que de manies pèsent encore sur nous !

maine dans les temps modernes... Sinon, le panthéisme dans les têtes savantes, le scepticisme
dans les moyennes, et l'irrémédiable anarchie sur
la foule. Ne travaillons pas à notre fin. Les traditions et les institutions sont rompues, les principes s'en vont, la raison se perd, que l'Europe
porte ses digues où l'attend L'IRRUPTION INTÉ-
RIEURE DES BARBARES !

J'ai exprimé des craintes que recèlent les faits
et les pensées que suggère l'expérience, dans un
vif désir qu'elles devinssent profitables. J'ai osé
signaler des erreurs d'une grande portée, des
erreurs qui ont produit un siècle. Erigées en méthode, mêlées à toutes nos sciences, fondues avec
toutes nos pensées, comment les en extirper
aujourd'hui? Il sera plus aisé de les enlever d'un
seul coup de l'homme, par la voie de l'enseignement. A qui sera-t-il donné d'effectuer cet évé-
nement sans pareil? Tant d'intérêts et tant
d'habitudes liguées pour les défendre, un siècle
entièrement bâti sur elles, laissent-ils prévoir un
triomphe prochain? Changer une méthode, c'est
changer une époque. De tels mouvements, qui ne
sont au pouvoir de personne, se font dans le cœur

d'une nation longtemps avant que d'atteindre les lettrés et les Académies. Les plus savants diront qu'ils ne comprennent pas ; les autres distilleront de l'esprit, comme il est d'habitude en France quand une question prend toute sa gravité. Ilimporte cependant qu'on ne tarde point à recueillir ce qu'il y a de juste dans la pensée de ce Mémoire, et que des voix mieux faites pour être écoutées en portent les avertissements à tant de nos contemporains animés de si bonne volonté.

L'esprit humain baisse, la vérité diminue, les axiomes s'effacent, et les données infinies restent sans support. En cette absence de la raison, la Foi ne trouve plus où s'appuyer dans notre âme. L'homme, dépouillé de son élément supérieur, rentre à mesure dans la barbarie. Un orgueil profond, muet, invétéré, pousse aujourd'hui les peuples à retrancher de leur âme le côté qui les met en relation avec Dieu, pour développer uniquement celui qui les livre à une sorte de civilisation grossière et impraticable. L'affaiblissement de la raison est la retraite des points impersonnels sur lesquels les esprits tombent d'accord. De l'intelligence livrée à elle-même sortent

toutes les contestations chez les hommes. La vérité, une fois bannie, ne rentre plus ; chacun
s'élève dans sa pensée et lui oppose une digue
infranchissable. Les esprits, en proie à l'orgueil,
s'élèveront les uns contre les autres dans une
croissante anarchie, dont le remède n'existera
plus en eux. Le départ de la raison sera la chute
de la Société européenne.

APPENDICE.

LA RAISON ET L'INTELLIGENCE ;

LE SENS COMMUN ET LA SCIENCE, LA CROYANCE ET LE DOUTE.

VOLTAIRE est le premier qui ait donné un éclatant exemple du divorce entre l'intelligence et la raison. Jusque-là, sans en excepter les hérésiarques, nul n'avait élevé de système aussi visiblement dépourvu des notions rationnelles. Dans l'homme et dans ses lois, dans toutes les sciences qui le concernent, rien d'universel, d'immuable et de certain ; toutes les conceptions explicatives de l'écrivain, même en métaphysique, découlent d'idées relatives, de données empruntées au temps. La décadence était déjà consommée dans l'enseignement par le triomphe des Lettres païennes sur les sentiments chrétiens. La raison était tellement effacée chez cet homme qu'il put, et sans soulever la réprobation générale, faire inscrire dès la première page de l'Encyclopédie, le principe du sensualisme : qu'il n'y a de vrai que ce qui ressort de l'expérience externe, d'infaillible que le témoignage des sens. Particulièrement privé des idées nécessaires du bien, du vrai et du beau absolus, ce fol esprit vint sérieusement repousser la notion d'un droit absolu, d'une vérité et d'une beauté éternelles, enfin d'une loi morale universelle, antérieure au droit écrit, la même pour toutes les consciences et toutes les nations, afin d'y substituer, comme chez les anciens, l'idée d'une justice empirique, variable comme les temps et les lieux, et d'une vérité relative, soumise aux climats et aux diverses civilisations[1]. La société fut ainsi précipitée des sommets du christianisme dans les ténèbres du septicisme, du despotisme et de la corruption. Emportant la philosophie, l'histoire et la poésie dans cette voie à contre-sens, il fit craquer du même coup, avec la raison, la religion, la morale et la politique. Personne jusque-là n'avait fourni à ce point la preuve d'un talent incontestable séparé de la raison.

Si tout le monde n'eût à peu près pensé de même, un écrivain n'aurait pu entraîner une pareille révolution. Symbole d'une époque qui l'accueillit avec ivresse, il témoigne de l'état où l'on avait déjà réduit la pensée par un enseignement dégénéré. L'esprit et l'opinion en France se moulèrent immédiatement sur cet homme. Écrire ou penser comme lui fut le point de mire de ce qui, en tous genres, recherchait le succès. Courir l'esprit, en rasant les surfaces, fut le rôle de la littérature et l'instinct général de nos méthodes d'enseignement. Philosophie, sciences, histoire, érudition, poésie, arts, romans, jusqu'à la chanson, les Français ne firent, en quelque sorte, que se

---

[1] *Vérité en deçà d'un fleuve, erreur au delà*, disait-on avec tout l'esprit possible.

partager les branches qu'il avait à lui seul embrassées;
on les vit même s'appeler glorieusement du nom de *fils de
Voltaire!* L'homme s'oublia; les facultés éminentes de
l'âme furent alors considérées avec un dédain affecté; on
leur préféra, jusque dans les familles, la frivolité et le
brillant des facultés extérieures. L'extinction des grands
sentiments suit la perte des idées rationnelles, et aux san-
timents succèdent les sensations. L'homme perdit immédiatement sa grandeur. L'absence de sa dignité perça de
la pensée dans les coutumes. L'opéra, le vaudeville, la
danse, et ce qui sort de pareille école, devinrent partie
intégrante des mœurs des Français, si riches en cette
brillante matière qu'elle leur fut empruntée par le reste de
l'Europe, aussi bien que leurs révolutions... Répandre
la foi sur un sol de cette nature, c'est semer son grain
dans les broussailles; c'est le travail laissé pendant plus
d'un siècle à la sainte Église. Elle apportait la vérité,
l'esprit humain n'existait plus. Et l'on s'étonne de sa
situation au milieu de la société nouvelle! Le dépérissement de la raison était tel qu'un retour du XIXe siècle
à la Foi s'opéra uniquement parce que de nobles esprits,
révoltés par la Révolution, annoncèrent, avec l'accent
du génie, qu'il y avait une vérité en religion, en morale,
en politique, et dans les traditions du genre humain :
tant une pareille pensée était déjà loin des esprits! Du
vaste domaine de l'opinion, reconnue *reine du monde,*
il ne se fit un mouvement vers la sainte Église que le
jour où les sentiments, l'histoire, la politique, la conscience humaine et les traditions ressuscitèrent dans
l'âme de MM. de Châteaubriand, de Maistre, de Bonald,

de Staël et Ballanche : tant nos esprits étaient tombés hors de portée de la Foi !

Réveillé en ce moment par la lumière et par l'effroi que viennent de jeter une révolution toute providentielle, c'est ce mouvement qu'il faut à l'heure même seconder, si l'on veut sauver l'Europe d'une perte certaine. Il faut tout sacrifier pour rétablir l'empire de la raison. La question pédagogique est aussi brûlante que la question politique ; c'est par elle que le mal fut introduit, qu'il fut appliqué dans toute son étendue. Même en oubliant la nature des lumières qui proviennent de ce développement anormal de l'intelligence, on trouve, dès qu'on pénètre dans l'âme, que cette disproportion, jetée par l'orgueil entre les facultés intellectuelles et les facultés morales, est pour l'individu une source de malaise et de crime. L'accroissement des lumières aggrave la responsabilité de l'homme. Dieu, dans ses vues harmonieuses, donne à l'homme une étendue d'intelligence proportionnée à celle de sa conscience, soit pour le tenir à l'abri des scrupules qui paralysent toujours une conscience que laisse en arrière le développement intempestif de l'esprit, soit pour empêcher ce malaise de provoquer plus tard une scission entre les deux facultés. L'homme qui part en laissant en arrière sa conscience, marche inévitablement de cette indifférence à l'impiété, et de l'impiété à ses divers résultats. La difficulté énorme que rencontre l'homme à étendre un peu son intelligence au delà des moyens qu'il a reçus de la nature, absolument de même que la difficulté qu'il rencontre à accroître ses richesses autrement que par la vertu, témoigne assez du motif important que cache ce double obstacle. L'homme qui suit avec extase sa conscience, sans s'inquiéter du chemin que fait son esprit, peut devenir un saint. Mais celui qui, pour suivre le vol de son intelligence, oblige sa conscience à rester en arrière de ses propres lumières, forcé bientôt, pour éviter ses reproches, de se séparer entièrement d'elle, se jette du côté de l'indifférence, puis de l'impiété, puis des vices du corps et de l'esprit qui la suivent. Placé dans l'alternative de la sainteté ou de l'impiété, le choix de l'orgueil, pour la masse des hommes, ne reste pas longtemps suspendu. La nature de l'enseignement n'entraînait point autrefois cet inconvénient. Au sein de la plus belle éducation, on restait ce qu'on appelle *simple*; c'est-à-dire que les plus hautes facultés de la raison pouvaient être développées sans que les facultés relatives et du moi le fussent au delà d'une suffisante proportion[1]. Au lieu d'être grand et simple, aujourd'hui on est *fin*. La finesse, attribut de l'esprit, signe de l'infériorité rationnelle, est le propre de notre époque. C'est un fait que tout le monde avoue maintenant avec terreur : depuis l'augmentation des lumières, l'honneur et la moralité ont diminué. La conscience s'est retirée en même temps que s'étendait l'intelligence, et les hommes sont, comme on le dit, devenus plus *méchants*. Les jésuites seuls ont lutté contre l'engouement universel pour les fausses lumières. Mais la plaie n'était pas alors aussi visible qu'elle l'est devenue, et le monde s'opposait trop ouvertement

---

[1] Tout le monde sait que ce qu'il y a de plus élevé dans la vie de l'humanité, les hommes de génie et les saints, étaient simples.

à ce que la rhétorique fût remplacée, pour ses fils, par les Pères et la théologie. Dans la sollicitude d'une éducation paternelle, ils produisirent des hommes simples et bons, mais que, hors des sanctuaires, le feu du siècle ne tarda pas à dévorer. Par leur connaissance de la nature humaine et leur dévouement à la jeunesse, ils furent toujours nos auxiliaires les plus précieux.

Il y a bientôt quatorze ans, dans le premier regard que j'osai jeter sur le monde au sortir des mains du maître illustre que la Providence m'a donné, une des premières choses qui me frappèrent en abordant les hommes et les sciences, fut cette disproportion entre les facultés intellectuelles et les facultés morales, et surtout la prédominance que les études continuaient d'assurer à l'intelligence sur la raison. Je m'aperçus que nos erreurs, comme toutes les absurdités, sortaient de là. Dans un ouvrage trop étendu, où j'écrivis la philosophie que m'inspira l'état où je trouvais la pensée s'échappant de nouveau de l'orbite du christianisme, après avoir exposé la théorie de la raison et celle de l'intelligence, autant que me le permettait un faible talent animé par une ardente possession de la vérité, j'exprimai ce qui va suivre dans un Chapitre dont je donne aussi le titre. La double spontanéité de cette pensée, réveillée ainsi à deux époques de la vie, indépendamment de ce qu'elle applique nos considérations à l'ordre scientifique, n'est point sans prix pour la question. Ainsi m'exprimai-je alors :

Que devient la raison ainsi enfermée dans l'intelligence et livrée à la liberté humaine, par suite de la création?

Si la raison est une lumière qui vient directement de Dieu, et demeure impersonnelle, l'intelligence est une lumière allumée par la raison, et qui passe au service personnel du moi. C'est elle qui a pour objet de rendre la lumière rationnelle, successive, par rapport au temps, et relative, par rapport à l'espace ; de la *créaturaliser*, pour ainsi dire, afin de la mettre à la disposition de l'être moral, enfermé dans la création. Ce que la psychologie dit du raisonnement doit s'appliquer à l'intelligence entière : à savoir qu'elle est essentiellement inféconde, qu'elle ne peut rien mettre dans son résultat, qu'elle n'ait implicitement trouvé dans sa source ; qu'enfin il n'est rien de vrai dans l'intelligence qui ne vienne de la raison. Seulement, par sa destination, l'intelligence a l'avantage de porter sur tous les points cette lumière et de l'étendre à tous les objets finis. Sans elle, l'homme, bien qu'avec tous ses axiomes, n'eût jamais fait de science. Toutefois, même sous le point de vue scientifique, la raison, indépendamment de son rôle fondamental, a aussi ses avantages. Si, toute seule et non desservie par l'intelligence, elle est obscure, elle est après tout plus certaine. La raison possède en certitude ce qu'elle n'a pas en intellectualisation ; comme, ce que l'intelligence peut gagner en clarté, elle le peut perdre en certitude. La raison est bien un rayon de la substance intelligible, comme telle elle est bien la certitude même, comme telle elle renferme bien l'idée pure du vrai ; mais, il s'agit de la rendre visible de la visibilité de ce monde, et c'est ici l'objet de l'instrument intellectuel, ici qu'est la difficulté. Dans l'enchaînement des opérations scientifiques qu'elle exécute au moyen de cette lumière, l'intelligence peut la perdre un instant. Aussi, faire venir la lumière de la raison, est ce qu'on appelle raisonner; et le vulgaire sait parfaitement dire de celui qui tombe dans l'erreur, qu'*il raisonne mal*, qu'*il n'a point de raison*. Il ne dit pas qu'il n'a point d'intelligence, car souvent celui qui est dans l'erreur en a montré d'autant plus pour la soutenir. Si nous ne pouvons profiter que de cette partie de la raison que nous parvenons à faire régulièrement passer par la filière de l'intelligence, il est certain que la raison, qui n'est aucunement desservie par l'intelligence, laisse l'homme dans cet état qu'on appelle ignorance. La privation de toute instruction est la position du grand nombre. Mais si le genre humain ne possède pas la science, il possède encore la raison; et la raison éclairant l'homme indépendamment de la science, est ce qu'on appelle le Sens commun.

Dieu n'aurait donc point déshérité les nations comme le pensaient les savants du siècle dernier, et celles-ci, pour posséder la lumière, n'attendirent donc point l'arrivée de la science. La science a ses avantages sur le sens commun, et le sens commun ses avantages sur la science, à savoir qu'on peut vivre avec le sens commun. Ce dernier peut se passer de la science, qui ne fait après tout que rendre plus évidents les principes qu'il lui fournit; tandis que la science ne peut se passer du sens commun, dans lequel elle prend ses axiomes. Elle n'ap-

prend rien au sens commun en fait de vérités indispen-
sables; elle vient toujours la dernière, et les Académies
ne voient le jour qu'au sein des civilisations toutes faites.
Au reste la raison ne s'adresse pas uniquement à l'intelligence, à cause de la vérité, elle s'adresse aussi à la
volonté, à cause du bien. La raison ne fût-elle pas suffisamment desservie par l'intelligence, laquelle produit
la pensée, que cela ne l'empêche aucunement d'éclairer
la volonté, laquelle produit l'acte. Or, dans l'intérêt de
l'homme, la bonne action est au-dessus de la bonne pensée, comme la fin au-dessus du moyen. L'intelligence
est toujours assez exercée pour les circonstances habi-
tuelles de la vie. Souvent celui qui en pousse le plus
loin l'exercice prend les moyens pour la fin, et s'éloigne
de la lumière. Le genre humain, jusqu'à présent, n'a
vécu que de sens commun, il en vivra longtemps
encore!

En général, il remplace avantageusement l'intelligence. Il met en notre possession ce sur quoi, le plus
souvent, celle-ci ne jette que des doutes. L'humanité
n'a pas attendu la science. L'intelligence apporte bien
quelque lumière, mais pas toujours la vérité; choses
qu'il ne faut point confondre, et toute lumière ne provient que de la vérité. Si les savants possèdent des lumières, les vérités en masse sont dans le sens commun.
Là, il est vrai, la vérité peut être privée d'une certaine
clarté, elle est encore à l'état de préjugé; mais on ne
peut attendre pour vivre, de tout prouver, et le siècle des lumières n'est parvenu sur mille points qu'à
obscurcir la vérité. Il ne faut pas se tenir derrière les sa-

vants et ne croire qu'à ce qu'ils enseignent ; car ils n'enseignent que ce qu'ils parviennent à expliquer, bien peu
de chose relativement à la masse inexpliquée des vérités
que renferme le sens commun. Les esprits légers se laissent éblouir par les lumières ; souvent ils laissent le sens
commun pour suivre le vol de quelque nouvelle donnée
scientifique dont ils ignorent et le principe et la portée.
Il est bon de demander ce qu'elle sait à la science, mais
il vaut mieux en général suivre les masses. La certitude
vit tellement en dehors des sciences, que la science ne
consiste précisément qu'à trouver les rapports qu'ont les
faits avec les principes du sens commun, source de la
certitude. Toute science repose tellement sur des principes de la raison, que sa formation consiste à établir
comment les faits qu'elle renferme se rapportent à ces
principes. Loin de se passer du sens commun, la science
n'existe que par lui [1] ; aussi dit-elle avoir trouvé une
vérité lorsqu'elle est parvenue à rattacher un fait aux
principes. Si les savants n'avaient pas cru aux principes
du sens commun avant qu'ils leur fussent prouvés, ils
n'auraient pas cherché immédiatement à leur rattacher
les faits pour en constituer la science ; une science parfaite n'est qu'un ensemble d'explications conformes aux
principes du sens commun. Or, comme savoir, pour
la science, c'est expliquer par ces principes, et que

---

[1] Quelques philosophes allant un jour dans le désert rendre visite à
saint Antoine, cherchaient à le railler un peu sur son ignorance dans
les sciences du temps. Il leur demanda, avec une simplicité admirable :
« Qui de la Raison ou de la science est la première, et laquelle des deux
a produit l'autre ? — C'est sans doute la Raison, répondirent ceux-ci.
— Le bon sens suffit donc, » reprit le saint.

ces principes (n'étant démontrés nulle part mais ce avec quoi on démontre) ne peuvent être possédés que par la croyance, les hommes ne savent que parce qu'ils croient. Et les savants, à plus forte raison, comme le peuple, ne savent que parce qu'ils croient. Si ce dernier croit assez aux vérités que lui fournit le sens commun pour en faire des actes, ceux-là y croient assez pour en faire de la science. Les sciences et les mœurs découlent du même procédé. La volonté qui s'éloigne du sens commun entre dans la folie, l'intelligence qui s'en éloigne entre dans l'erreur. Quand disparaît la croyance, s'éteignent en même temps la science et les mœurs.

Si, dans le peuple, on trouve la raison sans beaucoup d'intelligence, souvent dans les hommes intruits on trouve de l'intelligence sans beaucoup de raison. Le savant, dont toutes les pensées sont le pénible fruit d'opérations intellectuelles; qui a passé sa vie à abstraire, comparer, déduire et généraliser, finit par croire que c'est en divisant, comparant et généralisant qu'on produit la vérité. On ne fait pas la vérité avec de la science, car c'est avec la vérité que la science se fait. Le savant ne saurait avoir une conscience aussi positive de la lumière impersonnelle que la raison envoie sur ses opérations, que des efforts intellectuels qu'il fait personnellement pour les exécuter. La raison nous échappe par son intimité même. Ainsi l'artiste subalterne croit son adresse dans ses doigts, non dans la tête, à laquelle obéissent les doigts. Le premier finit par croire qu'il suffit de faire fonctionner ses facultés intellectuelles

pour obtenir certainement le vrai. Tout ce qui a la
tournure d'un axiome, la forme du raisonnement lui
paraît une vérité. L'intelligence devient un atelier où
l'on forge sans matériaux. Le syllogisme, le prosyllo-
gisme, le paralogisme, avec les grands, moyens et petits
termes, majeure, mineure, prémisses et conclusions ne
tarissent plus; le sophisme, l'enthymème (si vous voulez
le nom de toutes les folies humaines), le dilemme, l'épi-
chérême, le sorite, l'inépuisable abstraction coulent à
plein bord et font tous les frais de la gnose humaine, au
point que celui qui étudie a toujours eu plus de peine
à éviter les erreurs qui l'encombrent qu'à saisir les
vérités qui restent. Les savants ne font pas d'autre
plainte. La scolastique fut l'éternelle faiblesse de la
pensée scientifique ! Pour nous en arracher, combien
Descartes a eu besoin de dire : « La logique seule ne
« peut nous donner la connaissance de la vérité ; avant
« de construire le syllogisme, il faut en avoir les mate-
« riaux, il faut déjà posséder la vérité.» Malgré Bâcon et
Descartes, nous faisons de la scolastique comme par le
passé. Dans l'antiquité, on en faisait sur les sciences
religieuses; dans le Moyen-âge, sur les sciences physiques; on en fait, aujourd'hui, sur les sciences morales,
sans que les autres en soient exemptes. Dans les sciences
physiques, il faut partir des faits, ou de l'observation
externe : que de fois on part d'abstractions réalisées !
Dans les sciences morales, il faut partir de la raison, ou
de l'observation interne : comme Cabanis et Montesquieu, on part des phénomènes physiologiques et clima-
tologiques! Dans les sciences religieuses, il faut partir

de la révélation, ou de l'observation traditionnelle :
comme Rousseau, on part du raisonnement ! Que l'on
quitte un instant la raison, l'expérience et le témoignage
des hommes, ces trois sources de nos idées, pour s'enfermer dans son intelligence, et l'on pourra diviser,
abstraire et combiner des pensées artificielles jusqu'à
l'infini, sans mettre une fois le pied sur l'une des trois
réalités. De pareils raisonnements, quels que soient
leur facture logique, n'ont aucune valeur objective.
L'intelligence produit les systèmes; c'est sur la raison
et l'expérience que s'élèvent les théories. L'inconvénient
de quitter, soit la tradition pour les réalités de l'histoire,
soit la raison pour les réalités spirituelles, soit l'expérience pour les réalités physiques, revient à la même
erreur : substituer une abstraction à une idée réelle, ce
qui n'est pas à ce qui est. Combien, depuis que le monde
existe, a-t-on produit de systèmes faux ? Autant que
l'esprit humain est tombé de fois dans la scolastique,
c'est-à-dire que l'intelligence a fonctionné détachée de
la raison.

Ce coup d'œil sur les premières lois de la logique,
réunies ici dans un si simple cadre, fait assez voir que
de telles erreurs ne proviennent que d'un manque général de bon sens, c'est-à-dire d'un amoindrissement
de la raison au milieu des autres facultés. Le fait va
se montrer plus évident. Ce sont là, jusqu'à présent,
des erreurs par substitution du raisonnement à la
raison, de l'abstraction à l'idée réelle. L'intelligence
nous expose à en commettre de plus grossières, plus
rares il est vrai, ce sont les erreurs par négation de

réalités. Celles-ci ne viennent qu'à la suite des premières.
Elles sont la conséquence finale de l'excessif abus que
l'intelligence, cette fois par un orgueil arrêté, peut faire
d'elle-même en oubliant : 1° la raison, ou révélation
faite à l'individu ; 2° la tradition, ou révélation faite au
genre humain ; 3° l'expérience, ou révélation faite aux
sens. L'intelligence qui s'habitue à croire que, par ses
diverses opérations, elle produit la vérité au lieu de la
puiser à sa source, et qu'il lui suffit d'agiter ses facultés
pour que les réalités apparaissent en elle, fait, ainsi que
nous l'avons dit plus haut, comme l'œil qui, persuadé
que les objets restent peints sur la rétine, abaisse ses
paupières et s'endort sur le monde extérieur. De même,
l'intelligence plongée dans ce monde idéal d'abstractions réalisées et d'imaginations coordonnées, se complaît au milieu du palais magique dont la spéculation
élève autour d'elle les murs enchantés. Pensant trouver
tout en son sein, et, s'il est permis de parler ainsi,
produire la vérité de son propre sang, perdant de vue
dans sa suffisance et la raison et l'expérience, elle oublie
jusqu'aux réalités qu'elles représentent en elle. La vérité n'est plus du tout la représentation dans l'esprit
humain de ce qui est dans la réalité objective. De là
tant d'esprits empressés à apporter la vérité aux hommes, comme s'ils en avaient été jusqu'à ce jour privés !
Comment l'intelligence, qui croit donner le jour à la
vérité, se déciderait-elle à sortir de son merveilleux
olympe et à la chercher dans un espace pour elle ima-
ginaire ? Elle oublie donc ce qu'elle a perdu de vue, et
finit par nier ce qu'elle ne voit plus. Pendant que, d'une

part, elle crée des entités, donnant une valeur objective
à ce qui n'en a pas; d'autre part, elle enlève aux choses
qui existent leur réalité. On se rappelle l'histoire de
l'idéalisme de Fichte. Pour arriver à un pareil état de
l'esprit, il faut avoir fait un long abus de l'intelligence
et repoussé plus d'une fois l'expérience et la raison. Il en
est de même chez ceux qui nient Dieu ou le sens intime.

Comme il n'y a que quatre Ordres de réalités, il ne
peut y avoir que quatre sortes d'erreurs de ce genre,
savoir : l'*Idéalisme*, qui, rejetant le témoignage des
sens, nie, au nom de l'idée, le Monde physique ; le
Matérialisme, qui, rejetant le témoignage du sens intime, nie, au nom de la matière, le Monde moral ;
l'*Athéisme*, qui, rejetant le témoignage de la raison,
nie, au nom du fini, la substance infinie, le Monde
intelligible ; et le *Déisme*, qui, rejetant le témoignage
des hommes, nie, au nom du raisonnement, le Monde
révélé.

Le métaphysicien, qui s'est plus particulièrement
servi du sens intime pour étudier les faits moraux et
ontologiques, est plus naturellement porté à oublier la
nature physique et à devenir idéaliste. Le naturaliste,
qui s'est plus particulièrement servi des sens pour étudier les faits physiques, chimiques ou physiologiques,
est plus naturellement porté à oublier la nature spirituelle et à devenir matérialiste. Le sophiste, qui s'est
plu à raisonner et à s'enfermer dans le principe que
ce qui ne rentre pas dans l'évidence est faux, est plus
particulièrement porté à nier les vérités infinies et à
devenir déiste. Enfin le sensualiste, qui a passé sa vie

dans la culture exclusive des organes de l'observation externe, recueillant des faits pour les faits, sans
réfléchir à leur loi, finit, en négligeant les conceptions
de la raison, par perdre de vue la notion d'une loi universelle, d'une cause première, et par devenir athéiste [1].
On ne nie une réalité que parce qu'on a depuis longtemps
fermé les yeux sur elle : les yeux de la raison, s'il s'agit
de l'Infini, ceux du sens intime, s'il s'agit de l'âme,
ceux des sens, s'il s'agit de la matière, et ceux de la foi,
s'il s'agit des vérités qui, trop importantes pour être
confiées à la raison de l'individu, reposent dans le témoignage universel de l'espèce. Le vulgaire, vivant
plus ordinairement dans ses sens, a plus de peine à
embrasser de sa faible raison les vérités infinies; aussi
la foi a-t-elle besoin de les tenir constamment sous ses
regards. Mais qu'il en soit ainsi de nous, c'est ce qui est
moins pardonnable.

Comme on appelle *croyance* l'acte par lequel la raison
laisse pénétrer en elle avec adhésion les manifestations
de la Réalité, on nomme *incrédulité* l'acte par lequel
l'intelligence refuse de s'ouvrir aux manifestations de
cette Réalité. L'incrédulité peut être un sommeil ou un
aveuglement de l'intelligence, jamais de la raison. On
ne saurait détruire la faculté de l'absolu, comme on
crève les yeux de l'esprit. Tout ce que l'homme peut

---

[1] « Ils vous diront combien de poils a la chenille, combien de pattes a
le ciron : toute recherche au delà leur paraît oiseuse. Ils ne voient même
pas la loi, comment s'élèveraient-ils à la notion du Législateur ? Morce-
lant, parce que la partie est plus facile à saisir que le tout, ils entassent
fragments sur fragments, puis s'égarent eux-mêmes dans leur propre
labyrinthe. »

faire contre la raison, c'est de ne s'en pas servir et de
s'en détourner ; ce que j'appelle son affaiblissement,
en ce sens que ses notions, au lieu de le dominer, ne
pénètrent que très-faiblement dans le moi. Encore
l'homme se persuade-t-il, pour éviter le ridicule ou
le remords, qu'il ne s'est point écarté de la raison. Il
faut avoir passé par ces erreurs pour se faire une idée
de l'illusion dans laquelle elles réussissent à jeter l'esprit. Celui qui n'a jamais douté de Dieu, n'imagine pas
qu'on puisse aussi complétement perdre de vue le monde
Intelligible. Celui qui ne s'est pas engagé dans l'idéalisme, ne se figure pas avec quelle quiétude on peut nier le
monde physique ; et quant à la négation de soi-même,
chacun se rappelle l'histoire des Pyrrhoniens. L'orgueil
accomplit de ces tours de force dans l'homme. Toutefois,
des erreurs aussi grossières que l'Idéalisme, le Matérialisme, l'Athéisme et le Déisme, auxquelles nous venons
de donner le nom d'*incrédulités,* ne peuvent être entretenues dans l'intelligence que par une culture à grands
frais. Elles sont inabordables aux masses [1], qui se reposent avec une sérénité en quelque sorte éternelle dans le
lit du sens commun, comme l'Océan dans ses rives. Si
quelques individus, réagissant contre les masses, se prétendent matérialistes ou athées, c'est parce qu'au moment
où la raison commença à s'affaiblir, les philosophes du
xviiie siècle entrèrent dans ces erreurs, et que nombre

---

[1] A moins qu'on ne les en pénètre partiellement ; mais le sens commun
ne manque pas de les effacer et de rétablir son niveau. Ce n'est jamais
là qu'elles prennent naissance, et c'est là toujours qu'elles viennent
mourir.

de littérateurs croient se donner par là un vernis scientifique. Pour se délivrer de ces erreurs, il suffit de
s'abandonner au mouvement du sens commun, et de
laisser agir en nous les lois de notre organisme psychologique. Au lieu de travailler à l'écarter, travaillons
à développer cette raison, qui ne veut pas que des phénomènes nous apparaissent, sans que nous ne reconnaissions une substance ; que nous observions des faits
divers, sans que nous ne reconnaissions des causes de
natures diverses ; enfin, que l'existence se manifeste au
sein des choses, sans que nous ne déployions aussi dans
les Cieux la notion d'une Perfection infinie. La source de
l'idéalisme étant la négation des faits extérieurs ; la
source du matérialisme, la négation des faits de conscience ; la source de l'athéisme, la négation des faits
impersonnels de la raison ; la source du déisme, la
négation des faits universels de la tradition, il est clair
que le remède de cette chaîne d'erreurs est dans l'ad-
mission de ces faits. Il faut que ceux qui se croient
supérieurs au vulgaire, se résignent, comme lui, à
croire à leurs organes, à leur sens intime, à leur conscience et au témoignage des hommes [1]. Il n'est besoin,
comme on le voit, ni de science, ni d'effort de génie.
Seulement, il faut être homme, ne rien retrancher
de ce qui appartient à la nature humaine, et ne
point se croire plus d'esprit parce qu'on ne connaît
du monde que ce que l'on peut en voir par un trou.
Sans parler des panthéistes, pour lesquels le fait est

[1] M. Noirot; *Cours de Philosophie*. Année 1835.

d'une grande évidence, puisqu'ils manquent de l'idée de Cause, et que, par une subversion totale, ils placent le relatif dans l'absolu ; tous les esprits, jetés dans quelque scepticisme, sont des esprits chez lesquels la raison fait défaut ou se trouve inférieure aux autres facultés. Faites-en l'expérience, conversez avec eux, vous serez frappé de l'absence des idées rationnelles, de l'effrayante lacune qu'une intelligence de quelque apparence vous laisse aussitôt entrevoir derrière elle. Pendant que les idés acquises vous seront présentées comme des axiomes irréformables, toutes les idées fondamentales seront tremblantes et sans vie au fond de leur esprit. Vous vous demanderez à quoi bon avoir élevé une construction qui n'a pour fondement que du sable. Si vous ne voulez que les absurdités de ce siècle passent à nos enfants, traitez comme des maladies positives ces beaux produits de la pensée. Aujourd'hui, tous ceux qui dans leurs peines nient ou accusent la Providence, sont également des esprits chez lesquels s'est éteinte la raison. En présence des contrariétés de la vie, l'idée d'une cause première, à laquelle se joint, par une conception nécessaire, l'idée d'une perfection et d'une prévoyance infinie dans ses voies, se montre si débile qu'elle est à l'instant étouffée par les ressentiments plus vifs de la douleur. Les grandes erreurs de l'esprit humain, comme les erreurs des hommes, ne viennent que d'un affaiblissement en nous des idées impersonnelles. Vous l'avez vu, les quatre Incrédulités, qui partagent la pensée comme les quatre angles droits partagent la circonférence, sortent de là ; et ainsi tous les systèmes possibles[1], qui n'en sont que des fragments. L'homme découvrira-t-il en vain la source de toutes les erreurs, quand il a par l'éducation le moyen de la dessécher !

C'est parce que le sens commun domine dans les masses et l'intelligence chez les savants, que ces deux classes de la société ne peuvent point s'entendre, et que réciproquement elles se critiquent. L'épithète d'*imbécile* se croise des deux camps. Il est vrai que les savants laissent un peu dans l'ombre de leur estime le sens commun et ceux qui lui appartiennent, persuadés que les idées acquises leur donnent une incontestable supériorité sur le vulgaire. Le peuple s'en dédommage ; les philosophes surtout ne sont pas près d'échapper à ses railleries. Le peuple ne s'accorde qu'avec le véritable Poëte, parce que celui-ci se préoccupe avant tout des grands sentiments, qui sont les parties dominantes de la nature humaine, et parce qu'il voit avec le coup d'œil de l'ensemble, à la manière des masses[2]. Tandis que le contraste est complet entre le vulgaire et le savant. Comme le poëte, le vulgaire pense spontanément : le savant, par réflexion ; le vulgaire, qui se fie aux facultés que Dieu lui a données, embrasse tout, ne sait rien nier : le savant, toujours en garde contre ses facultés, faisant mille efforts pour les renfermer avec leurs résultats

---

[1] Manichéisme, idolâtrie, matérialisme, idéalisme, athéisme, scepticisme, ne sont que les preuves diverses de la faiblesse de la raison sur l'idée d'unité, sur l'idée de cause, sur l'idée de l'être, sur l'idée de l'infini et sur l'idée même de la raison, comme faculté impersonnelle.

[2] C'est la raison qui fait le poëte ; l'inspiration n'est que son abondance même. L'étendue de la raison fait la profondeur et la sublimité de la poésie. La spontanéité, chez le poëte, établit qu'il relève de la raison, comme la réflexion, chez le savant, qu'il relève de l'intelligence.

dans un système, ne voit qu'une face des choses et nie le reste ; le vulgaire est naturellement porté à la croyance, parce qu'elle est un état naturel de l'âme : le savant, au scepticisme, parce que c'est l'état de l'esprit qui soupçonne ses propres facultés ; enfin la science méprise le sens commun, puisqu'elle n'arme sa flottille que pour s'en éloigner : le vulgaire sourit de la science, qui, pour lui, comme la philosophie antique, n'a laissé passer aucune absurdité dans le monde sans la réclamer pour sa fille.

On peut faire maintenant la part de la raison et celle de l'intelligence dans la marche de la société. Ce à quoi nous croyons immédiatement sans nous l'être auparavant prouvé par le raisonnement, s'appelle *préjugé* ; ce qui nous est prouvé par le raisonnement, sans être conforme à la raison ou à l'expérience, s'appelle *erreur* ; ce qui ne nous est prouvé ni par la raison ni par l'expérience, s'appelle *absurdité* quand on est de bonne foi, et *sophisme* au cas contraire. De là résulte que la classe qui a le plus de préjugés est celle du vulgaire, la classe qui a le plus d'erreurs est celle des savants, la classe qui dit le plus d'absurdités et fait le plus de sophismes est celle des littérateurs. L'inconvénient de n'avoir ni la raison ni le raisonnement conduit aux erreurs systématiques de la science, et aux vaines absurdités de la littérature ; le désagrément de ne posséder que la raison, d'être nu d'esprit et tel que Dieu nous fit, conduit à vivre sur les préjugés du peuple. Mais, jusqu'à ce jour, le monde vit et marche sur des préjugés ; dans ce partage, le peuple est-il le plus à plaindre ? La science elle-même peut-elle transformer tous ses préjugés en points scientifiques? A-t-elle donné l'explication de la multitude des choses que, sans les comprendre, nous faisons tous les jours, et sur lesquelles repose notre existence, depuis notre œil, qui reçoit au matin la lumière, jusqu'à la conscience de nous-mêmes, qui disparaît chaque soir dans le sommeil? Pré-jugé! parce que la chose est bonne, ne peut-elle être jugée d'avance? Eh! mon Dieu, le genre humain ne roule que sur des préjugés. En détruisant tous les préjugés, les philosophes du dernier siècle étaient bien sûrs de faire disparaître toutes les vérités. Si elles n'avaient pas existé à l'état de préjugés, comment le monde aurait-il vécu jusque-là? Si tous les préjugés se retiraient de la société, comme je l'entendais dire à M. Noirot, elle retomberait dans la barbarie. Les vérités d'une science ne sont-elles pas elles-mêmes des préjugés pour tous les hommes étrangers à cette science? Les vérités astronomiques, par exemple, pour l'homme de lettres qui ne se les est jamais démontrées; les vérités physiques et chimiques, pour le légiste, qui les affirme dans ses arrêts; les vérités mathématiques, pour le commerçant, dont l'arithmétique à tout instant y adhère; les vérités médicales, pour le peuple, qui tous les jours en fait usage?

D'ici il est aisé de voir s'il importe, pour l'intérêt du peuple, pour l'avantage de la science, et pour la perfection de l'âme, de développer avant tout, chez le peuple, chez le savant, et chez l'enfant, l'intelligence ou la raison! Mais comme, par le sensualisme, nous nous sommes laissé entraîner à la porte de la philosophie et des études supérieures; comme, sans aucun doute, les hommes de

ce siècle prétendront que cette distinction entre les deux
facultés n'est point assez claire pour eux[1], et comment le serait-elle pour qui ne prête plus attention?
nous nous en remettrons maintenant au sens commun
pour la différence qui toujours a été faite, et qui toujours
se fera chez l'homme, entre les *facultés intellectuelles*
et les *facultés morales,* c'est-à-dire entre les facultés qui
se rattachent à son intelligence et les facultés qui se
rattachent à la raison.

Comme il y aurait scélératesse à soutenir qu'en éducation, comme en toutes choses, les facultés intellectuelles doivent l'emporter sur les facultés morales, je
laisse ici la question sous la garde de l'honneur et du bon
sens.

Il reste quelques conclusions à recueillir. D'après ces
faits, nous voyons que l'intelligence est une faculté de
l'âme distincte de la raison, puisque souvent elle est en
opposition avec elle. Qu'elle se différencie de la raison,
dont elle élabore la lumière, comme le corps de la
volonté, dont il réalise l'acte; que l'intelligence peut,
par ses sophismes, repousser la raison et produire des
pensées contraires à ses principes, comme le corps, par
ses passions, peut dominer la volonté et produire des
actes contraires à sa liberté; que, si le corps, en s'aban-

---

[1] Les sottises sont toujours claires, parce qu'il n'y a rien à comprendre.
Apportez les bonnes raisons; pour se dispenser d'y répondre et même
empêcher qu'on les sache, le littérateur les déclare obscures. Bientôt
il ne restera en France que peu de personnes à même de lire les choses
sérieuses. Tous les autres s'en vont, les uns en dansant de l'esprit, les
autres en nageant dans l'erreur. —

donnant à tous ses instincts, arrive au vice et au crime,
l'intelligence, en s'abandonnant à toute sa vanité, arrive
à l'erreur et à l'incrédulité; que l'erreur et le crime,
c'est-à-dire le mal dans la pensée et le mal dans l'action,
s'engendrant mutuellement, l'homme doit se défier des
prétentions de l'intelligence comme des prétentions du
corps, et veiller à ce que ces deux serviteurs, si enclins
à écouter le moi, ne s'entendent pour asservir leur
maître. Puisque l'intelligence a besoin d'obéir à la raison, qui lui apporte la lumière absolue, et la raison
d'être servie par l'intelligence, qui approprie cette lumière au temps, afin que, connaissant en toutes choses
le bien et le vrai, l'homme les puisse suivre et accom-
plir ses destinées; il faut donc maintenir uni ce que
Dieu a uni, et subordonné ce qu'il a subordonné :
l'intelligence à la raison, comme le corps à la volonté,
comme la sagesse humaine à la sagesse divine. La comparaison se poursuit dans l'observation attentive de la
hiérarchie de nos facultés. Le corps n'a-t-il pas été
donné à la volonté pour réaliser ici-bas ses détermina-
tions, qui sont les manifestations de la liberté morale ?
L'intelligence n'a-t-elle pas été donnée à la raison pour
intellectualiser ici-bas ses conceptions, qui sont les
manifestations de la Réalité infinie ? Si le corps, enor-
gueilli des services qu'il rend aux actes de la liberté
morale, lui résiste et y substitue ses passions, la liberté
morale s'évanouit, et l'homme devient, comme la brute,
privé du libre arbitre. Si l'intelligence, enorgueillie des
services qu'elle rend aux conceptions de la raison, les
rejette et y substitue ses sophismes, la lumière rationnelle

s'évanouit, et l'homme devient, comme le fou, privé de sens commun. Des fonctions réciproques de l'intelligence et de la raison doit se tirer la règle applicable à la conduite psychologique dans la recherche de la vérité. Sans entrer dans toutes les règles de détails qui composent la logique, qui n'est que *la voie d'obéissance à la raison,* ainsi que l'indique son nom même, tiré de λογός, verbe, raison, cette règle générale, qui renferme et dirige toutes les autres, consiste à tenir constamment l'intelligence soumise à la raison. Dire que l'intelligence doit se tenir constamment soumise à la raison, c'est énoncer la grande loi de la logique, le premier principe de l'art de la vérité. Pour la conduite morale, le fait éclate avec autant d'évidence. Cette unité de marche au sein de l'âme découvre encore l'exactitude du fait. La règle applicable à la conduite morale dans la pratique du bien, consiste à tenir la volonté constamment soumise aux arrêts de la conscience, qui est la voix de la raison, bien plutôt qu'au raisonnement de l'intelligence, qui est la voix du moi. Enfin si nous abordons la pédagogie, la marche est bien visiblement la même. Comme l'éducation, l'Enseignement doit non-seulement tenir toutes les facultés de l'âme dans l'ordre de leur importance, mais encore donner une forte inclinaison du côté de la raison, comme du côté de la liberté morale. On sait de quel côté penche la nature humaine; car avant de former l'homme, il faut le redresser.

Au lieu d'écouter attentivement le divin langage que la raison parle au milieu de notre âme, que d'hommes passent leur vie à entasser scholastiquement raisonnements sur raisonnements, et à ne produire que des semblants de doctrine ! La philosophie, comme les sciences, n'est ruinée que par les sophismes ; et l'esprit n'est borné que par ses raisonnements. Il en est peu d'assez désintéressés pour ne chercher que la vérité. Elle demande, comme tout ce qu'on reçoit du Ciel, beaucoup de désintéressement. On entre trop légèrement dans ces carrières où il faudrait aussi apporter de l'héroïsme. L'esprit retourne bientôt à lui-même. En général, on préfère l'intelligence à la raison, parce que l'une brille plus volontiers parmi les hommes, et que l'autre passe pour être plus commune. Sous le nom de sens commun, elle est effectivement le patrimoine du genre humain ; tandis que la science est l'héritage d'un petit nombre d'hommes privilégiés sous le rapport du talent et du loisir. Pour briller, on en vient même à faire *de l'esprit*, c'est-à-dire à prostituer son esprit. Combien on serait joyeux si l'on pouvait user ainsi de la raison, et obtenir de la conscience des arrêts à double sens ! L'immortelle source de la certitude ne saurait se prêter à ces jeux. *Faire de l'esprit !* sait-on ce qu'en pensait Montesquieu ? « C'est chercher, disait-il, des rapports entre les choses différentes, ou des différences entre les choses semblables. » Comme la vérité consiste à établir les rapports réels qui existent entre les êtres, voilà un beau procédé pour cultiver et ennoblir l'intelligence ! à peu près comme si l'on prétendait faire de la gymnastique en se tordant les membres. Il n'y a rien à tirer des plaisants. Toutes ces facéties sont des choses dénuées de raison. C'est depuis qu'elle s'éloigne qu'on songe à faire tant d'esprit..

Pour que l'esprit humain soit dans sa force, il faut donc que l'intelligence soit, sur tous points, soumise à la raison ; or, comme la raison ne prescrit rien par force, c'est à l'intelligence de se soumettre. Telle est son éducation. On marche dans un sens opposé au but, si l'on commence par l'enfler de la vanité des sciences. Quand l'intelligence se met dans la direction de la raison, la vérité la pénètre naturellement, comme la lumière pénètre nos yeux. C'est dans ces esprits lucides et sains qu'elle établit son trône légitime ; son trône, car la raison étant la loi, veut être reine ; seulement, elle ne veut établir son règne que par la raison ! c'est à l'intelligence d'avoir la délicatesse de le sentir. Pour arriver à cette harmonie sublime des fonctions de notre âme, on conçoit qu'il faut une grande force de volonté et une grande humilité d'intelligence : la rareté de ces deux qualités fait la rareté des hommes de génie. On voit tout d'abord que la première condition pour arriver là, vient du cœur ; il faut de l'élévation, et cette délicatesse d'honneur qui, à tout instant, soumet en nous le moi aux moindres décrets de la vérité intérieure. Pour le malheur de la vérité, les hommes à intelligence seront toujours les plus nombreux. Comptez combien on a fait de découvertes métaphysiques ou physiques depuis que l'homme poursuit la vérité, vous saurez combien de fois son esprit s'est élevé à l'état de génie, en un mot combien de fois une patiente et enthousiaste intelligence a fidèlement écouté et assisté la raison. L'humilité intellectuelle est le principe de tous les progrès. Celui qui croit savoir, tourne le dos à la vérité, puisqu'il la croit en lui loin de la chercher dans la raison. Il se complaît dans sa suffisance, et s'arrête. Mais celui que presse le sentiment de son insuffisance, poursuit avec ravissement et sans cesse la vérité qui l'appelle. L'orgueilleux est toujours arrêté aux débuts, car toujours il commence par critiquer les faits, au lieu d'en puiser avec silence la sagesse... Comme l'homme est doué de la raison et de l'intelligence, et que la difficulté ne consiste qu'à maintenir l'intelligence sous l'empire de la raison, l'humilité est donc la première condition du génie.

Parcourez les ouvrages des hommes de génie, ceux-là mêmes où sont consignés leurs plus grandes découvertes, vous croirez suivre un cours d'humilité intellectuelle. Savez-vous ce que pensait de ses connaissances en philosophie celui qui fit la révolution philosophique des temps modernes? Voici comment s'exprime Descartes : « Je ne diray rien de la philosophie, sinon que voyant « qu'elle a esté cultiuée par les plus excellents esprits « qui ayent vescu depuis plusieurs siècles, et que néant- « moins il ne s'y trouve encore aucune chose dont on « ne dispute, et par conséquent qui ne soit douteuse, « je n'ai point assez de présomption pour espérer d'y « rencontrer mieux que les autres [1]. » Telles sont les premières paroles du *Discours de la Méthode*, de ce discours où, quelques lignes plus loin, son auteur dépose la base expérimentale du spiritualisme. Le génie procède de la raison, les systèmes sortent de l'intelligence, comme la vertu naît de la liberté morale, et les passions

---

[1] *Discours de la méthode*, pour bien conduire sa *raison* et chercher la vérité; 1re partie, par René Descartes, 1668.

viennent du corps. Nous deviendrions des héros et des
saints si, préférant la liberté morale aux instincts des
sens, notre corps était constamment soumis; de même
les savants obtiendraient la grâce du génie si, préférant
l'inspiration à leurs imaginations propres, leur intelligence se tenait constamment soumise. Le proverbe le
sait, *les hommes de génie sont simples comme des enfants.*
C'est à ces *pauvres d'esprit* qu'appartient le royaume de
la pensée. « L'empire de la science, disait Bâcon, qui
pouvait en parler, est semblable à celui des Cieux, où
l'on ne peut entrer qu'avec l'innocence d'un nouveau-
né. » Soyons comme de petits enfants pour aller trouver
la vérité; elle n'ouvre qu'à l'humilité de l'esprit.

Pour résumer, rappelons que la raison est antérieure et
supérieure à l'intelligence; que l'une vient positivement
du Ciel, que l'autre se forme sur la terre; que celle-ci
suppose la première comme le fleuve suppose sa source;
que l'une apporte à l'homme les idées innées, celles qu'il
ne pourrait acquérir sur la terre; l'autre les idées acquises, celles que le temps lui rend nécessaires; que les
unes sont infaillibles, comme la source d'où elles éma-
nent; que les autres sont progressives, et tirent d'elles
leur certitude; que l'une fait de l'homme un être moral,
connaissant le vrai et le bien, doué d'imputabilité, et
l'autre un être intelligent, appliquant le vrai et le bien,
se soumettant la nature; que la croyance, qui est l'acte
de la raison en possession de la réalité, est antérieure à
la science, qui est l'acte de l'intelligence en possession
de la raison; qu'il faut croire avant de penser, puisque,
pour former la pensée, il faut avoir le principe dont se

forme la pensée; mais que surtout il faut agir, puisque
Dieu ne nous donne à connaître le vrai et le bien que
pour que nous les réalisions; que celui qui place la science
avant la croyance, la pensée avant la raison, s'expose
à perdre et la pensée et la raison; qu'enfin pour croître,
l'intelligence, de même que la volonté, doit avoir constamment sa racine dans la raison, comme la raison a
elle-même la sienne en Dieu : de manière que la vérité
nous arrive directement de sa source. L'âme est faite
comme une fleur dont le calice est tourné vers la lumière [1].

[1] DE L'UNITÉ SPIRITUELLE, ou *De la Société et de son but au delà du
Temps*, tome II, chap. XIII; de la page 378 à la page 417.

(Extrait des *Mémoires de l'Académie de Lyon*.)

Dans cette étude, on découvre que la place occupée par l'erreur n'est que la place abandonnée par la raison. Cette disjonction, devenue apparente dans l'âme entre la science et les principes de croyance, est une large blessure au sein de la nation. En vain recouvrons-nous l'abîme avec des fleurs et notre misère avec de l'or... Du fond de ses sciences l'homme retourne au paganisme. Derrière nous perce une race encore dans l'adolescence, encore dans l'ignorance du mal qui la pénètre, race formée par le même esprit que nos pères, prête à poursuivre tous leurs principes sans avoir aucune de leurs généreuses passions, à s'élancer dans toute leur erreur sans avoir conservé leur antique bon sens; race qui couvre les deux tiers de l'Europe, en étouffera sous ses pieds tous les germes de vie et, un jour, en ouvrira les portes aux Cosaques.

Ce progrès du scepticisme qui l'a conduit jusqu'à

effacer Dieu, dans le Panthéisme, pour mettre l'homme à sa place, marque un progrès pareil dans l'affaiblissement de la raison. Les siècles n'avaient pas fourni un acte comparable de démence. Quand la raison a failli de la sorte sur le point principal, comment ne faillirait-elle pas sur tous les autres points? Tant que cet affaiblissement ne s'est montré que dans les régions de la philo-sophie et dans le morcellement des sciences, il a pu échapper aux regards des Souverains. Depuis qu'il a éclaté par des révolutions qui ont mis à nu les prétentions de l'ignorance et de la folie géné-rales; depuis que, sous le nom du socialisme, il a montré avec quelle rapidité la plaie s'étend à tous les hommes, il n'est possible à aucun gouverne-ment en Europe de tenir la main sur ses yeux, à moins que ce ne soit par le mouvement de celui qui se sent tomber dans l'abîme... Ce n'était rien aux temps de barbarie, que la révolte des classes opprimées (par la nature); rien aux temps de foi, que la révolte des classes asservies (par l'infério-rité morale neutralisée avec l'obéissance) : les armes étaient promptes à réprimer la révolte. Comprimeront-elles l'esprit qui opère le Soulè-

vement ? Le principe idéal, parti des rangs élevés,
passant par les classes intermédiaires , est entré
jusqu'au fond des masses. L'insurrection s'est
revêtue des insignes du droit. La force absolue est
douée maintenant de la conscience de ses besoins :
de ses besoins qui ne seront jamais satisfaits sur la
terre offerte au péché d'Adam, que dans l'esprit de
renoncement et de résignation. On a perdu de vue
les hautes voies ; l'orgueil fera voler en éclat cette
terre comme il a renversé le Ciel. Eh quoi ! il faut
un gouvernement quatre fois plus fort sur les
masses au moment où leurs lumières l'exigent
plus léger ; il le faut plus absolu sur les intelligences au moment où leur orgueil le leur demande plus libéral ; et il faut aux besoins trois
fois plus de richesses au moment où la cupidité a
substitué au travail le crédit et la spéculation ! les
éléments moraux pour gouverner sont détruits. A
mesure que la raison se retire, la conscience s'af-
faiblit, les caractères disparaissent. Plus d'hommes
répandus sur le pays et dont la justice , connue au
loin, forme çà et là une digue à l'élément popu-
laire. L'unique ressource est de rassembler les
rênes d'un pouvoir complet et de composer une

masse de forces qui équilibre les forces d'une na‑
tion. Les hommes ne seront plus gouvernés par
l'Honneur... le principe qui peut le rallumer au
sommet de l'édifice n'est pas là, pour faire redes‑
cendre, à la force de l'exemple et de l'éducation,
la Foi chez les nouveaux barbares.

LE MANS. — IMP. DE JULIEN, LANIER ET Cᵉ.

www.ingramcontent.com/pod-product-compliance
Lightning Source LLC
Chambersburg PA
CBHW070359090426
42733CB00009B/1466